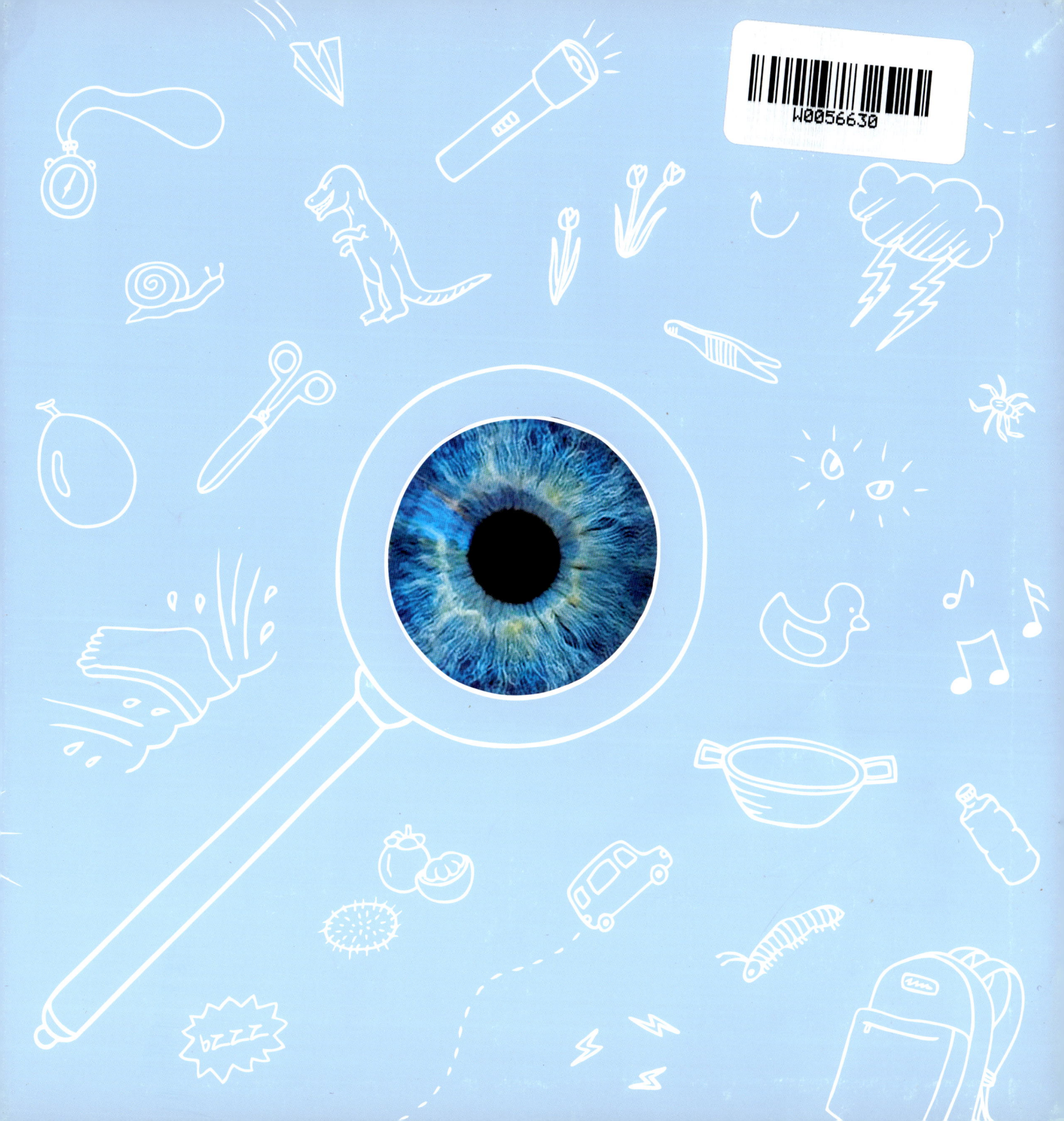

Phänomenal

Über 150 Experimente
für Neugierige

Inhalt

Kapitel 01 – *S. 10*
Augen auf!

Woher kommt das Licht?
Zerlege deinen Wecker
Das rote Phantom
Geschenke des Sandmanns
Monster-Atem am Morgen
Traumhafte Phosphene
Coole Gähnparty
Gib den Ohren die Hand
Kreisch, Zwitscher, Piep, Krächz!

Kapitel 02 – *S. 18*
Wer ist das im Spiegel?

Drehe dein Gesicht um!
Kaleidoskop-Augen
Was ist in dir drin?
Daraus bist du gebaut
Raffinierte Verkleidungen
Anatomie trifft Kunst:
   Julian Wolkenstein
Zauberei mit Kämmen
Warum ist der Boden kalt,
   wenn das Handtuch warm ist?

Statische Magie
Sprechende Häufchen
Spargelaroma
Wie dreht es sich in der
   Toilette?
Vögel tun es, Bienen tun es …
Seifenblasenspiele
Singe unter der Dusche
Gegen die Schwerkraft

Kapitel 08 – *S. 64*
Auf der wilden Blumenwiese

Zerrupfe eine Tulpe
Faszinierender Boden
Natur trifft Kunst:
   Kathy Klein
Loopings mit Flugreifen
Komische Flecken am Himmel

Ein Himmel in der Kiste
Entfernungs- und
   Größenillusionen
Warum Ameisen marschieren
Führe ein Insektenbuch
Natur trifft Kunst:
   Nina Katchadourian

Kapitel 07 – *S. 56*
Fenster und Wetter

Aus grell wird hell
Phänomenal polarisiert
Verzerre Licht durch Wasser
Regentropfenrennen
Zeichne den Lauf der Sonne
Fang einen Wirbel ein
Meeresrauschen im Mund
Imitiere Geräusche
Natur trifft Kunst:
   Berndnaut Smilde
Brise oder Orkan?
Wohin weht der Wind?
Bastele einen Windkanal

Kapitel 09 – *S. 72*
Kreuz und quer durch die Stadt

Der städtische Trubel
Naschen trifft Kunst:
   Liz Hickok
Baue eine winzige Skyline
Durchsichtig *und* spiegelnd
Heulende Sirenen

Teste deine Augen
Schaue zum Himmel!
Verwische den Gehweg
Unmengen von Karten

Kapitel 10 – *S. 80*
Wunder des Wassers

Woher kommt das Wasser?
Kleine Wellenkunde
Warum ist Wasser nass?
Wie tief kommst du?
Gezüchtetes Licht

Schiffe aus Treibgut
Wie sauber ist der Strand?
Singende Steine
Geometrie trifft Kunst:
   Jim Denevan

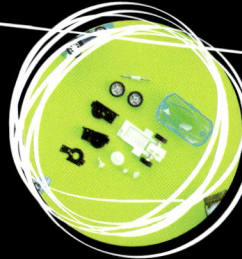

Das ist phänomenal!

Dieses Buch ist eine Reise durch deinen Alltag – vom Aufwachen bis zum Schlafengehen. Die vielen kleinen Abenteuer, die du zwischendurch erlebst, gehören auch dazu! Jedes Kapitel erforscht einen Moment des Tages, der mit wissenschaftlichen Wundern angefüllt ist. Was du im Exploratorium in San Francisco sehen und unternehmen kannst, ist Vorbild für jedes Kapitel in diesem Buch. Erforsche deine faszinierende Umwelt – morgens, mittags und abends!

Wissenschaft findest du nicht nur in Labors, in denen es von Reagenzgläsern und Computern nur so wimmelt, und nicht nur in Klassenzimmern voller Schulbücher und Matheaufgaben. Sie lebt und atmet in allem, was du siehst und tust. Egal ob du die Straße entlang gehst, an einem Ast schwingst oder mit Freunden Fußball spielst. Beim Frühstück kannst du etwas über Strömungslehre und Magnetismus lernen – und es macht sogar Spaß. Vor dem Schlafengehen machst du eine Reise zu den Sternen, kommst Monstern auf die Spur und lernst, wie man im Dunkeln sieht. Und das alles in deiner unmittelbaren Umgebung!

Alle Menschen sind Wissenschaftler, und Kinder gehören zu den besten. Das glaubst du nicht? Dein Gehirn ist wie ein Schwamm, der zu Hause, in der Schule, im Bus, am Strand und überall sonst Informationen über die Welt aufsaugt. Du musst nur die Augen offen halten, deiner Neugier freien Lauf lassen, alle Sinne schärfen – und natürlich viele Fragen stellen.

Die schlausten Wissenschaftler stellen die scheinbar einfachsten Fragen. Warum schweben wir nicht in der Luft, sondern bleiben auf dem Boden? Warum dreht sich der Mond um die Erde und nicht umgekehrt? Diese einfachen Fragen führen oft zu tiefgründigen Antworten. Probier aus, wie die Dinge im Haus und in der Natur funktionieren und wie man sie erklären kann. In diesem Buch ist alles erlaubt, so wie in deinem neuen Leben als kleine Forscherin oder kleiner Wissenschaftler.

Also, leg los! Jeder Augenblick deines Tages ist eine Schatztruhe, gefüllt mit wunderbarem, sonderbarem und überraschendem neuen Wissen. Nimm den Schlüssel, öffne das Schloss und schau, was drin ist.

So benutzt du dieses Buch

Dieses Buch will dich durch deinen Tag begleiten. Hol es heraus, wenn du etwas siehst, das dich neugierig macht, und lass dir dazu ein paar tolle Experimente vorschlagen. Sei erfinderisch: Wenn du etwas erforschen willst, was das Buch nicht behandelt, dann suche etwas Ähnliches und ändere die Anleitung, bis sie passt.

KAPITEL
Vom Gähnen am Morgen bis zum Lichtausknipsen am Abend – jedes Kapitel enthält Experimente, Spiele und Rätsel für jede Tageszeit und bietet viele tolle Überraschungen!

DU BRAUCHST
Alles, was du brauchst, ist in diesen Kreisen aufgelistet.

DAS PASSIERT …
In diesen Kreisen findest du die Fakten hinter dem Spaß. Sie erklären physikalische Gesetze und verblüffende wissenschaftliche Erkenntnisse.

VERGRÖSSERUNGSGLAS
Nimm die Lupe aus dem Buch und schau dir alles aus nächster Nähe an.

NATUR TRIFFT KUNST
Lerne Künstler kennen, die Wissenschaft, natürliche Vorgänge und Rohstoffe sowie eine Menge Neugier mischen und daraus Kunstwerke bilden, die uns die Welt in einem neuen, überraschenden Licht zeigen.

Werkzeugkasten

Eine Handvoll einfache Dinge, die wahrscheinlich bei dir zu Hause herumliegen, helfen dir bei deinen Unternehmungen. Packe sie in einen Rucksack, damit du sie parat hast, wenn du sie brauchst.

BILLIGE WASSERDICHTE KAMERA

KLEBSTOFF

LUPE (DIE IN DIESEM BUCH ODER EINE STARKE STIELLUPE)

SCHERE

PAPIER, BLEI- UND BUNTSTIFTE, KREIDE

ZANGE

PINZETTE

STOPPUHR ODER ARMBANDUHR MIT SEKUNDENZEIGER

MASSBAND

DURCHSICHTIGES KLEBEBAND

LÖFFEL

VIELE FREUNDE ODER MITGLIEDER DEINER FAMILIE ALS VERSUCHSKANINCHEN

Schau dich um

Für dieses Buch (und für deine eigenen Experimente auf der Reise durch dieses Buch) brauchst du ein bisschen Grips und gutes Werkzeug. Aber keine Sorge – den Grips hast du schon.

Notiere Fragen und Ergebnisse und mache dir Skizzen im Laborbuch. Zum Beispiel so wie hier

WOCHENPLANER

MO 15.4. Tomatensamen sprießen!

DI 16.4. Knospen an den Stängeln.

MI

Ein Kalender mit Spalten, um Beobachtungen zu notieren.

SCHAU DIR AN, WAS ANDERE NICHT SEHEN
Manchmal trudeln wir durchs Leben, ohne die Dinge genau zu hinterfragen: Warum ist der Himmel blau? Warum leuchten nachts die Sterne? Forscher wie du schauen sich um, stellen Fragen und finden heraus, warum Gewöhnliches oft ziemlich ungewöhnlich ist.

BERÜHRE, WAS ANDRE NICHT ANFASSEN
Wissenschaftler machen sich oft die Hände schmutzig. Und nass. Und klebrig. Von Spucke, Schleim und Dreck kannst du viel lernen. Ziehe Handschuhe an, wenn nötig – aber fasse an, was dich neugierig macht, und untersuche es genau.

TESTE DICH SELBST
Bevor du etwas probierst, frage dich, wie es ausgehen wird. Hast du Gründe für deine Vermutung? Vielleicht fällt das Ergebnis anders aus als erwartet. Wiederhole das Experiment und finde heraus, woran es lag und was du besser machen kannst.

Ein Tablet-PC mit Laborbuch-App für die einfache Dateneingabe

SUCHE DIR PARTNER
Zu zweit macht Wissenschaft doppelt so viel Spaß, zu dritt dreimal so viel. Mit noch mehr Leuten kann daraus eine richtige Party werden. Mitstreiter können Versuchskaninchen sein, als Assistenten dienen, auf mögliche Fehler hinweisen und Erfolge loben. Also, lass auch andere mitmachen!

SCHREIB ES AUF
Selbst der größte Schlaumeier vergisst Zahlen und Fakten, wenn er sie nicht aufschreibt. Wenn du misst, abwiegst oder die Zeit stoppst, dann trage die Ergebnisse in dein Laborbuch ein (siehe die Liste rechts), damit du später nachschlagen kannst.

LEGE DAS BUCH BEISEITE
Dieses Buch soll – wie viele andere auch – nur eine Starthilfe sein. Lies es, probiere die Tipps aus, und lege es dann weg, um die richtige Welt zu erforschen. Denke dir neue, größere, tollere Experimente aus, und erkunde deine Umgebung mit Freunden.

Giftpilze wachsen am Fluss!

Die Raupe auf der Terrasse hat sich in einen Schmetterling verwandelt!

Ein robustes, liniertes Notizbuch mit festem Rücken für Notizen und Fotos

An deine Eltern
Die Aktivitäten dieses Buches eignen sich für Kinder ab acht Jahren. Wir haben die Versuche und die Anleitung sorgfältig geprüft und die Experimente mit Kindern getestet. Sie kennen Ihre Kinder am besten, behalten Sie sie notfalls im Auge und besprechen Sie mit ihnen vorher, welche Materialien sie sich im Haus holen dürfen und wo sie sich draußen frei bewegen können. Haben Sie aber auch Vertrauen in Ihre Kinder! Freuen Sie sich, wenn die Kids ihre Sinne schärfen und ihre Hände zu etwas Kreativem gebrauchen. So erfahren sie die Umwelt ganz neu!

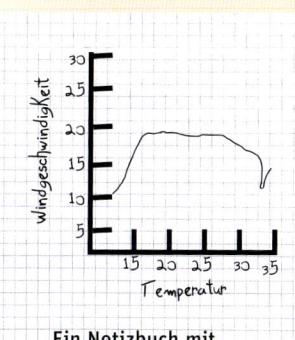

Ein Notizbuch mit Millimeterpapier für genaue Zeichnungen

Augen auf!

Am Horizont wird es langsam hell. Licht strömt in dein Zimmer. Jetzt heißt es: Augen und Ohren auf, um die Geheimnisse des frühen Morgens zu entdecken.

Das Licht der Sonne reist rund 150 Millionen Kilometer durchs Weltall, bis es dein schläfriges Gesicht kitzelt.

Vögel wachen viel zu früh auf. Weißt du, wovon sie singen? Welche anderen Geräusche hörst du?

Ring! Ring!

Wenn dich dein Wecker nervt, nimm ihn doch mal auseinander und sieh nach, wie er innen aussieht!

Morgens immer Mundgeruch? Finde heraus, wann dein Atem wie der eines Tieres riecht ... und warum.

Warum sind deine Augenlider verklebt? Weil dich der Sandmann in der Nacht besucht hat.

Deine Augen werden nicht von Geistern heimgesucht, sondern von Nachbildern und Phosphenen, die hinter den Augenlidern eine Lasershow aufführen.

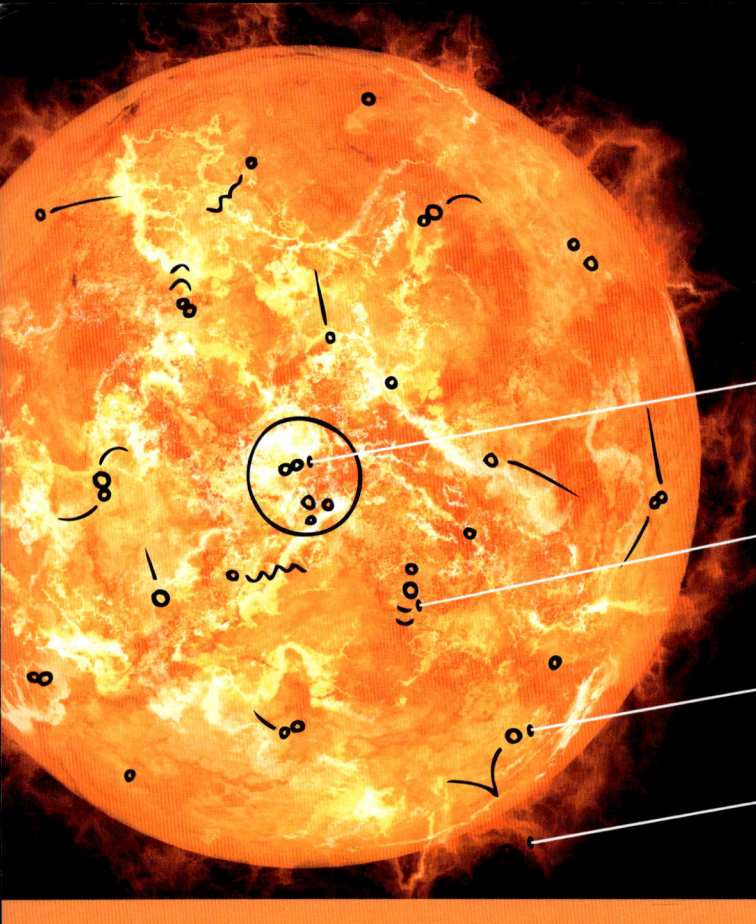

Woher kommt das Licht?

He, du – es ist Zeit, aufzuwachen und den Sonnenschein zu begrüßen! Er ist weit gereist, um dich aufzuwecken.

Lange bevor wir Menschen eine Zivilisation entwickelten, wurde tief im Atomofen des Sonnenkerns ein *Photon* geboren, ein elektromagnetisches Wellenpaket.

Es wurde mit einer Geschwindigkeit von 300 000 km/s in geladene Teilchen tief im Inneren der Sonne gepresst, wo es für 10 000 bis 270 000 Jahre blieb.

Nach 700 000 km erreicht es wieder die Oberfläche der Sonne …

… und entkommt als Licht und Wärme.

Zerlege deinen Wecker

Wie funktioniert das Ding, das dich jeden Morgen aus deinen Träumen reißt? Suche einen alten Wecker und finde heraus, wie er tickt.

 **Bitte zuerst deine Eltern um Erlaubnis**, den Wecker zerlegen zu dürfen. Nimm alle Batterien heraus (oder ziehe den Stecker). Lege dir Schraubenzieher, Pinzette, Zange und andere Werkzeuge zurecht.

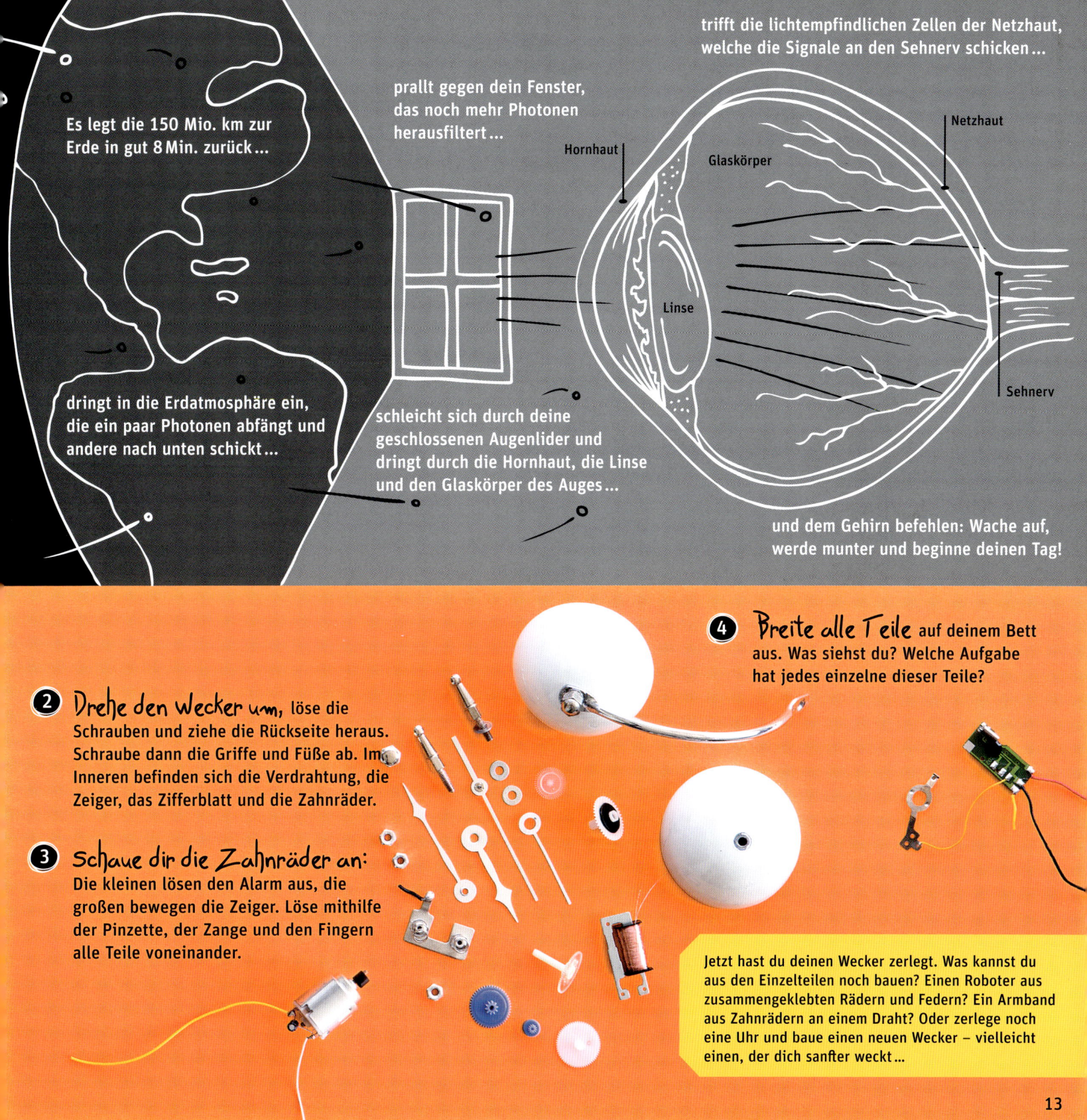

Es legt die 150 Mio. km zur Erde in gut 8 Min. zurück ...

dringt in die Erdatmosphäre ein, die ein paar Photonen abfängt und andere nach unten schickt ...

prallt gegen dein Fenster, das noch mehr Photonen herausfiltert ...

schleicht sich durch deine geschlossenen Augenlider und dringt durch die Hornhaut, die Linse und den Glaskörper des Auges ...

trifft die lichtempfindlichen Zellen der Netzhaut, welche die Signale an den Sehnerv schicken ...

und dem Gehirn befehlen: Wache auf, werde munter und beginne deinen Tag!

Hornhaut

Glaskörper

Netzhaut

Linse

Sehnerv

② **Drehe den Wecker um,** löse die Schrauben und ziehe die Rückseite heraus. Schraube dann die Griffe und Füße ab. Im Inneren befinden sich die Verdrahtung, die Zeiger, das Zifferblatt und die Zahnräder.

③ **Schaue dir die Zahnräder an:** Die kleinen lösen den Alarm aus, die großen bewegen die Zeiger. Löse mithilfe der Pinzette, der Zange und den Fingern alle Teile voneinander.

④ **Breite alle Teile** auf deinem Bett aus. Was siehst du? Welche Aufgabe hat jedes einzelne dieser Teile?

Jetzt hast du deinen Wecker zerlegt. Was kannst du aus den Einzelteilen noch bauen? Einen Roboter aus zusammengeklebten Rädern und Federn? Ein Armband aus Zahnrädern an einem Draht? Oder zerlege noch eine Uhr und baue einen neuen Wecker – vielleicht einen, der dich sanfter weckt ...

Das rote Phantom

Nachbilder – die unscharfen Kleckse, die du siehst, wenn du etwas eine Weile angestarrt hast – sind Phantome. Sie existieren nur in deinen Augen und deinem Gehirn, sehen aber echt aus. Mach ein Experiment, um herauszufinden, wie die Flecken entstehen:

Fixiere mit den Augen zuerst 15 bis 20 Sek. die Mitte des orangefarbenen Basketballwimpels und dann die Mitte des weißen Wimpels. Du siehst einen Moment ein schwaches blaues Nachbild (mit orangefarbenem Ball und Rand). Es verschwindet rasch. Mache den gleichen Versuch in deinem Zimmer: Starre zuerst ein blaues Bild oder Poster an, dann eine weiße Wand. Diesmal wirst du ein rotes Phantom sehen!

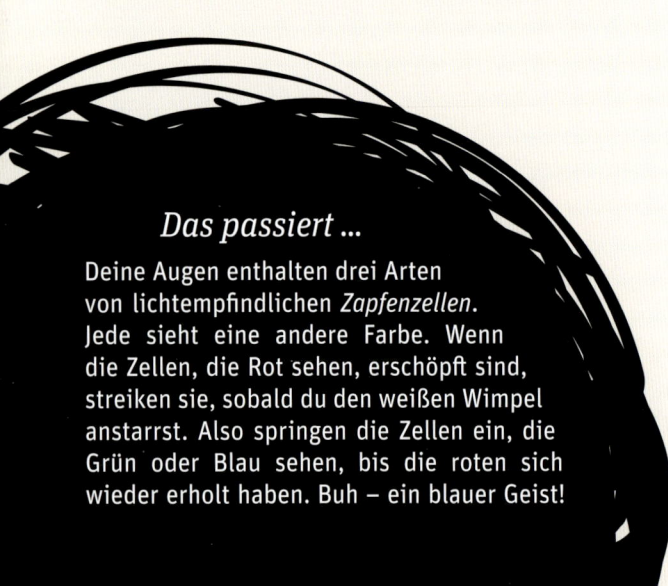

Das passiert ...

Deine Augen enthalten drei Arten von lichtempfindlichen *Zapfenzellen*. Jede sieht eine andere Farbe. Wenn die Zellen, die Rot sehen, erschöpft sind, streiken sie, sobald du den weißen Wimpel anstarrst. Also springen die Zellen ein, die Grün oder Blau sehen, bis die roten sich wieder erholt haben. Buh – ein blauer Geist!

Geschenke des Sandmanns

Der Sandmann ist nicht so ein freundliches Wesen wie die Zahnfee. Anstatt kleiner Geschenke lässt er klebrige Klümpchen zurück, die von Wissenschaftlern auch als *Augenschleim* bezeichnet werden – im Volksmund einfach nur Schlafkörnchen oder Schlafsand genannt. Sie bestehen aus Schleim, Öl und toten Haut- und Blutzellen, die von den Augen gebildet werden.

Tagsüber blinzelst du sie weg, aber weil du im Schlaf nicht blinzelst, verklumpt der Schleim nachts zu Sandkörnchen. Wenn du erkältet bist oder an einer Allergie leidest, ist der Sandmann noch garstiger: Weil die Nebenhöhlen mit den Tränenkanälen verbunden sind, kommt noch mehr Schleim hinzu, durch den deine Augenlider dann umso schlimmer unangenehm verkleben.

Monster-Atem am Morgen

Es ist kein Geheimnis, warum der Atem morgens so seltsam riecht: Der Mund bekommt nachts weniger Sauerstoff und bildet weniger Speichel. Ideale Bedingungen für die Bakterien in deinem Mund: Sie feiern eine Party.

Du selbst merkst es kaum, wenn du einen schlechten Atem hast, weil deine Nase an deinen Körpergeruch gewöhnt ist. Aber es gibt ein paar Tricks, mit denen du testen kannst, ob du üble Dämpfe auspustest.

Reibe deine Zunge mit einem Wattebausch oder Zahnstocher ab. Lasse ihn eine Minute liegen und schnuppere dann an ihm. Nichts? Dann bist du „sauber".

Atme in deinen Kopfkissenbezug oder in ein Taschentuch. Warte einen Moment, und schnuppere dann am Stoff.

Du bist immer noch nicht sicher, ob du Mundgeruch hast? Dann hauche deinen Kumpel an – der wird es dir schon sagen.

Traumhafte Phosphene

Wenn du aufwachst, reibst du dir zuerst die verschlafenen Augen – und schon siehst du dein eigenes Feuerwerk hinter den Augenlidern.

Die tanzenden Punkte und Spiralen, die du siehst, wenn du auf die Augenlider drückst, heißen *Phosphene*. Der Druck sorgt dafür, dass die Netzhautzellen hinten im Auge dem Gehirn melden: „Hier ist eine Menge Licht!" Normalerweise siehst du Phosphene nur, wenn es dunkel ist, beispielsweise bei geschlossenen Augen.

Vor langer Zeit nannte man Phosphene auch „Kino für Gefangene", weil sich Häftlinge im Kerker damit ablenkten. Ein Schlag auf den Kopf oder ein heftiger Nieser kann ebenfalls ein Phosphenspektakel auslösen. Darum kreisen Sterne und Blitze um den Kopf von Zeichentrickfiguren, wenn sie eins auf die Rübe bekommen.

Coole Gähnparty

Schnappe dir morgens ein paar Familienmitglieder und Haustiere und bringe sie zum Gähnen.

1 **Gähne so weit** und laut, wie du kannst, wenn alle dir zuschauen.

2 **Wer gähnt noch?** Papa? Das Baby? (Wahrscheinlich nicht.) Oder vielleicht sogar der Hund? Probiere es aus!

3 **Schaue dich um!** Breitet sich das Gähnen aus? Kann jemand widerstehen?

Das passiert …

Viele glauben, dass man gähnt, wenn man müde ist und Sauerstoff braucht. Doch als Wissenschaftler ihre Versuchspersonen Sauerstoff einatmen ließen, gähnten diese trotzdem. Wir wissen nicht genau, was die Ursache ist, aber wir wissen, dass Gähnen ansteckend sein kann. Wenn du jemanden gähnen siehst, gähnst du wahrscheinlich auch (bei Kindern funktioniert das aber erst ab einem Alter von ca. 6 Jahren). Sogar manche Tiere tun es – ein Hund sieht einen anderen gähnen, und schon legt er selbst auch los.

Gib den Ohren die Hand

Belausche morgens die vielen Geräusche im Haus und draußen mit deinem eigenen Hörrohr.

1 **Achte auf die Geräusche am Morgen,** ohne dein Zimmer zu verlassen. Was hörst du? Klappert schon das Frühstücksgeschirr oder läuft Wasser? Ist ein Specht im Garten oder arbeiten irgendwo Handwerker?

2 **Lege eine hohle Hand** hinter ein Ohr. Die rätselhaften Geräusche werden lauter, weil du so die Windungen der Ohrmuschel erweiterst, welche die Geräusche wie durch einen Trichter in den Gehörgang bis zum Trommelfell lenken.

3 **Rolle ein Blatt Papier** trichterförmig zusammen, setze es sanft auf die Öffnung des Gehörgangs und richte das weit offene Ende auf die Tür oder das Fenster. Vielleicht findest du so heraus, woher all die ganzen Geräusche kommen.

Drehe dein Gesicht um!

Dein Gesicht siehst du im Spiegel immer seitenverkehrt, denn in flachen Spiegeln sind Links und Rechts vertauscht. Ein Zylinderspiegel dagegen „dreht dich um" und stellt dich auf den Kopf.

① **Du brauchst Spiegelpapier** (s. gegenüberliegende Seite) und ein Stück Papprolle mit ca. 23 cm Durchmesser. Schneide diese der Länge nach in zwei gekrümmte Hälften. Keine Rolle dieser Größe zur Hand? Dann schneide ein Quadrat mit 35,5 cm Seitenlänge aus dünner Pappe und biege die Kanten nach oben, sodass eine halbe Röhre mit 23 cm Durchmesser entsteht.

② **Krümme den Spiegel** der Länge nach, sodass er einen halben Zylinder bildet und klebe ihn auf die Innenseite der Röhre.

③ **Halte den Spiegel senkrecht** und teste ihn: Zwinkere mit dem rechten Auge. Zwinkert dein Spiegelbild auch rechts? Wenn nicht, halte den Spiegel weiter nach vorn. Jetzt ist dein Gesicht nicht mehr seitenverkehrt. Das Licht fällt von einer runden Seite auf die andere und dreht dein Gesicht um. Wenn du den Spiegel waagrecht hältst und nach vorn schiebst, stehst du auf dem Kopf!

Das Kind mit Kaleidoskop-Augen

Mit dieser einfachen Spiegelzauberei kannst du Millionen von Spiegelbildern erzeugen.

① **Löse das Spiegelpapier,** welches du im vorigen Experiment benutzt hast, behutsam vom Karton und streiche es glatt.

② **Falte das Spiegelpapier** der Länge nach zu einer langen, dreieckigen Röhre (s. Abb. links) und verklebe die Kanten.

③ **Suche dir etwas Buntes aus:** z. B. ein Stück Stoff oder das Fliesenmuster auf dieser Seite. Nähere das eine Röhrenende dem Objekt, ohne es zu berühren, und schaue mit einem Auge durch das andere Ende: Du wirst unzählige Spiegelbilder von Spiegelbildern von Spiegelbildern sehen ...

Willst du *dich selbst* in einem Kaleidoskop sehen? Klebe sechs 30 x 30 cm große Spiegelfliesen mit Klebeband zu einem offenen Dreieck zusammen (zwei an jeder Seite) und stecke den Kopf hinein – dann siehst du dich zigtausendmal selbst!

Was ist in dir drin?

He, du da im Spiegel! Weißt du, woraus du bestehst? Aus ein paar seltsamen Substanzen und einem ganzen Haufen Persönlichkeit!

1.5% andere Dinge
1% Phosphor
1,5% Kalzium
3% Stickstoff
10% Wasserstoff
18% Kohlenstoff
65% Sauerstoff

Die Abbildung links zeigt dir, dass dein Körper hauptsächlich aus Sauerstoff und Wasserstoff in Form von Wassermolekülen besteht. Das „andere Zeug" ist eine Mischung aus verschiedenen Elementen wie Zink, Selen und Kobalt.

„Aber ich bin doch kein Haufen Chemikalien. Ich bin ich!", wirst du sagen. Stimmt – du bist einzigartig. Warum? Lies weiter.

Daraus bist du gebaut

Die DNS in deiner Spucke macht dich zu etwas ganz Besonderem. DNS ist das Erbmaterial in allen deinen Zellen. Und wenn du kein eineiiger Zwilling bist, besteht niemand auf der Welt aus genau demselben „Baumaterial".

Du brauchst:
1 Messbecher, der 240 ml fasst
Salz
Spülmittel
1 Schüssel
1 saubere Tasse
1 großes, dünnes Marmeladenglas
Plastikfolie
Franzbranntwein
1 Kunststofftrinkhalm

1 Fülle den Messbecher mit Wasser und löse 1 EL (Esslöffel) Salz darin auf.

2 Mische 1 EL Spülmittel in der Schüssel mit 3 EL Wasser.

3 Nimm 1 TL (Teelöffel) Leitungswasser in den Mund, verwirble es, spucke es in eine Tasse.

4 Gib 1/4 TL von der Salzlösung in das Marmeladenglas und gieße dann das Spuckewasser dazu.

5 Gib 1/4 TL Spülmittellösung in das Glas. Verschließe es gut mit Plastikfolie und drehe es mehrmals senkrecht stehend um, aber vorsichtig, damit sich keine Blasen bilden.

6 Nimm die Folie ab. Träufle 1 TL Franzbranntwein in das Glas. Jetzt bildet sich oben eine klebrige weiße Schicht.

7 Fische mit dem Halm ein wenig von der weißen Masse heraus. Sie zieht Fäden, die aus Tausenden von DNS-Molekülen bestehen – deinen eigenen.

8 Nimm die Lupe aus diesem Buch, um dir ein bisschen extra Spucke genauer anzuschauen. Was siehst du im Speichel?

Raffinierte Verkleidungen

Wie nehmen andere das Gesicht wahr, das du täglich im Spiegel siehst? Sie betrachten den oberen Teil: die Augen, die Nase und vor allem das Haar. Ein alter Bankräubertrick macht es ihnen schwer:

Vergiss Brillen oder Bärte. Die beste Verkleidung ist eine Perücke! Eine neue Frisur verzerrt das Erinnerungsbild anderer Leute. Hier tragen drei berühmte Personen eine Elvis-Perücke. Wer sind sie? Decke zuerst die Ober- und dann die Unterseite der Gesichter ab. (Die Antworten findest du unten.)

Unser Gehirn entdeckt überall Gesichter. →

← Zwei doppelte linke und zwei doppelte rechte Hälften desselben Frauengesichts!

Anatomie trifft Kunst: Julian Wolkenstein

Sehen beide Seiten deines Gesichts gleich aus? Nein! Jede ist ein wenig anders mit verschiedenen Pigmentierungen sowie Augen- und Knochenformen. Julian Wolkenstein spielt mit Symmetrien: Er halbiert ein Bild und verdoppelt dann jede Hälfte. Das Ergebnis sind zwei ganz unterschiedliche Bilder desselben Gesichts. Probiere diesen verwirrenden Trick mal an dir! Drucke zwei Kopien eines Fotos von dir aus und schneide eine senkrecht durch. Drehe das Bild dann mit einem Bildbearbeitungsprogramm waagrecht, drucke auch dieses Bild aus und halbiere es senkrecht. Klebe eine gedrehte linke Seite an eine normale rechte, dann eine gedrehte rechte Seite an eine normale linke. Vergleiche beide Bilder mit dem normalen Foto. Hast du gewusst, dass du so unterschiedliche Gesichter hast?

Zauberei mit Kämmen

1 Nimm 2 Kämme und halte den einen abgewinkelt vor den zweiten.

2 Schaue durch die Zinken – du siehst ein Hell-Dunkel-Muster, *Moiré*-Muster genannt. Es erscheint, wenn sich zwei gleiche Muster aus Linien, Kreisen oder Punkten teilweise überlappen. Nicht die Gegenstände bilden dieses Muster, sondern deine Augen setzen zwei Bilder zusammen!

3 Lasse die Seiten der Kämme aneinandergleiten: Das Moiré-Muster bewegt sich! Drehe einen Kamm und halte den anderen still. Wie ändert sich das Muster?

Sobald du Moiré-Muster kennst, siehst du sie überall. Schau auf dem Schulhof durch zwei Maschendrahtzäune oder falte einen dünnen, feinen Schal, halte ihn ans Licht und bewege den Stoff: Die Muster tanzen! Moiré vergrößert Unterschiede zwischen gleichen Mustern. Wenn zwei Muster sich genau überlappen, entsteht kein Moiré. Aber wenn du sie ein winziges bisschen verschiebst – voilà, ein Moiré. Verschiebst du sie weiter, werden die Linien dünner und rücken zusammen.

Warum ist der Boden kalt, wenn das Handtuch warm ist?

Deine nackten Füße frieren morgens auf den Badezimmerfliesen, aber dein Handtuch ist warm. Warum? Unsere Hände können die richtige Temperatur schlecht beurteilen.

Du brauchst:
dein Handtuch, ein leeres Wasserglas, eine Handtuchstange und die Fußbodenfliesen im Bad
Papier und Bleistift
einen Thermometerstreifen für die Stirn (aus der Apotheke)

1 **Lege deine Hand** abwechselnd auf Handtuch, Glas, Handtuchstange und Boden. Sind die Flächen warm oder kalt? Notiere, welche am wärmsten, am zweitwärmsten usw. ist.

2 **Warte ein paar Minuten** und lege den Thermometerstreifen dann auf jede Fläche. Sonderbar: Alle sind etwa gleich warm! Warum? Manche, z.B. die Handtuchstange und die Fliesen, sind gute Wärmeleiter. Sie stehlen deiner Hand flink die Wärme, darum empfinden die Nerven sie als kalt. Andere, z.B. das Handtuch, sind schlechte Wärmeleiter. Sie saugen die Wärme deiner Hand nicht auf und kommen dir deshalb warm vor.

Statische Magie

Weißt du, wie du einen Wasserstrahl mit einem Kamm und mit deinem Haar verbiegen kannst?

Kämme dein Haar sehr gründlich, bis es knistert. Drehe den Hahn so auf, dass das Wasser schwach oder mäßig stark läuft. Halte den Kamm nah ans Wasser heran – und beobachte, wie er es anzieht!

Das passiert ...

Alles im Universum besteht aus Atomen, die aus drei Arten von geladenen Teilchen zusammengesetzt sind: *Protonen* (mit positiver Ladung), *Elektronen* (negativ) und *Neutronen* (neutral). Wenn du dich kämmst, ziehst du Elektronen aus dem Haar, und dein Kamm wird negativ geladen. Wassermoleküle haben negative und positive Enden; darum zieht der negativ geladene Kamm die positiven Enden der Moleküle zu sich heran. So ist es eben: Gegensätze ziehen sich an!

Sprechende Häufchen

Was reingeht, muss auch wieder raus, das ist ein Naturgesetz, zumindest ein Bauchgesetz. Aber was *ist* Kot eigentlich?

Angenommen, du hast einen köstlichen Maiskolben verspeist. Er wandert vom Mund über den Hals in den Magen und weiter in den Darm. Der Darm zerlegt ihn dann und filtert die Nährstoffe heraus.

Aber einiges bleibt übrig: Ballaststoffe, Wasser, Eiweiß, Fett und Salze; Bakterien aus dem Darm; *Bilirubin* aus verbrauchten Blutkörperchen, die der Körper aussortiert.

Wie wär's mit einem Stuhlgang-Rennen? Den Sieger ermittelst du mithilfe eines Stuhlgang-Notizbuchs und einigen nahrhaften Lebensmitteln, die langsam verdaut werden.

Lebensmittel	Wann gegessen?	Wann ausgeschieden?	Was ist zu sehen?
Grünkohl (zu erkennen an grünlichem Kot)			
Rote Bete (färbt den Kot rot)			
Grüne Zuckererbsen (lassen kleine, unverdaute Teilchen zurück)			
Dein Lieblingsessen!			

Spargelaroma

Wenn du kurz nach dem Verzehr von Spargel auf die Toilette musst, bemerkst du einen eigenartigen Geruch. Manche sagen, es riecht nach Blumen, andere meinen, es riecht nur etwas seltsam. Und wieder andere riechen gar nichts.

Wenn wir Spargel essen, verarbeitet der Körper dessen schwefelhaltige Bestandteile sehr schnell – das ist das, was den Geruch verursacht (junger Spargel enthält mehr davon.) Wer sagt, er könne Spargelpipi nicht riechen, hat recht: Wissenschaftler haben herausgefunden, dass es nur jeder vierte Mensch erschnüffeln kann.

Wie dreht es sich in der Toilette?

Viele Leute behaupten, dass sich das Wasser in der Toilette auf der Nordhalbkugel gegen den Uhrzeigersinn und auf der Südhalbkugel im Uhrzeigersinn dreht. Dieses Märchen kannst du aber gleich runterspülen.

Zunächst etwas zur Erde, bevor es um Toiletten geht. Die Erde ist eine Kugel, um die wir an ihrer breitesten Stelle eine Linie ziehen können: den Äquator. Wenn die Erde sich dreht, dreht sich jeder Punkt auf dem Äquator schneller als die Punkte südlich oder nördlich dieser Linie. Darum drehen sich Wasser- und Luftmassen auf der Nordhalbkugel gegen den Uhrzeigersinn und auf der Südhalbkugel umgekehrt.

Manche Leute glauben nun, das gelte auch für winzige Wassermassen wie die in der Toilette. Wie das Wasser sich dreht, liegt jedoch daran, ob es als Wirbel oder Strahl in die Schüssel fließt und ob es auf unebene Oberflächen trifft.

Im Kreis herum, aber wie? ... Das wissen wir (leider) nie.

Vögel tun es, Bienen tun es ...

Wissenschaftler erfahren einiges über tote und lebendige Tiere und Menschen, wenn sie in ihrem Kot herumstochern, z. B., was sie gegessen haben und wann sie lebten. Sieh dir ein paar Proben an.

Rehe scheiden Pflanzenfasern in Form von Kügelchen aus.

Elefantendung ist groß, voller Stroh ... und stinkt nicht.

Fadenförmiger Goldfischkot ist voller Wurm- und Insektenteilchen. Er klebt eine Weile am Fisch.

Eulenkot besteht aus kleinen Päckchen mit unverdaulichem Nagetierpelz und Knochen.

Fossiler Dinokot hilft Forschern herauszufinden, ob der Dino Fleisch oder Pflanzen fraß.

Seifenblasenspiele

Sie schweben und hüpfen – aber sie sind keine Leichtgewichte. Entdecke die Wunderwelt der Seifenblasen.

Mixe dir einen Seifenblasensaft

Empfindliche Seifenbläschen sind out. Mixe dir eine Lösung für superstarke Seifenblasen zusammen. Verrühre 160 ml Spülmittel, 2 EL Glycerin (aus der Drogerie) und 3,8 l Wasser in einem Eimer und fertig ist der extrastarke Seifenblasensaft.

Seifenblasenkunst

Mache Kunst aus Seifenblasen: Gieße 120 ml Seifenblasenwasser in ein Glas und gib 3 Spritzer Spülmittel dazu, damit es richtig schäumt. Rühre etwas Temperafarbe ein. Gieße die Lösung in eine runde Form und mache einen Trinkhalm nass. (Alles, was Seifenblasen berührt, muss nass sein, sonst platzen sie.) Dann puste, bis die Blasen die Form füllen. Berühre die Blasen mit einem hellen Papier. Welche Formen und Winkel siehst du auf dem Papier – Dreiecke, Kreise, Quadrate? Ist das Papier trocken, machst du mit einer anderen Farbe einen neuen Seifenblasendruck.

Blasen-Brrr! 🔍

Wie verlängert man das Leben einer Seifenblase? Durch Einfrieren! Fülle das Ende eines nassen Trinkhalms mit Blasensaft und puste ein paar große Blasen auf eine nasse Platte. Wenn eine hübsche, runde Blase auf die Platte schwebt, stellst du diese sanft in die Gefriertruhe. Bevor die Blase zusammenfällt, ist sie mit Eisblumen verziert. Betrachte sie mit der Lupe aus diesem Buch.

Seifenblasenkampf

Gieße Seifenblasensaft auf ein Backblech, tauche zwei Plastikhalme ins Wasser und gib einen davon deinem Mitspieler. Dann auf ins Gefecht! Wer kann die größte Kuppel oder eine Kuppel in einer anderen aufblasen? Kannst du sie mit deinem Bataillon aus tapferen Seifenblasenkriegern in die Ecke treiben? Schließt Frieden, steckt eure Halme nebeneinander ins Blech und baut zusammen einen Turm aus Blasen. Wie hoch wird er, ehe seine „Bausteine" platzen?

Gegen die Schwerkraft

Hebe mit deinem Haartrockner die Schwerkraft auf, ehe du mit der Körperpflege beginnst.

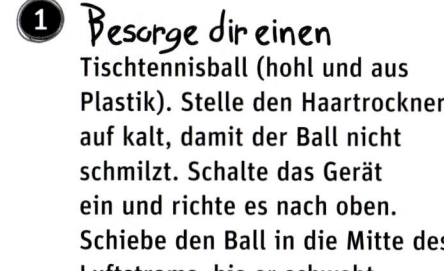

1 Besorge dir einen Tischtennisball (hohl und aus Plastik). Stelle den Haartrockner auf kalt, damit der Ball nicht schmilzt. Schalte das Gerät ein und richte es nach oben. Schiebe den Ball in die Mitte des Luftstroms, bis er schwebt.

2 Gehe in eine Ecke. Dort bläst der Luftstrom den Ball noch höher. Greife nun nach dem Ball und ziehe ihn langsam nach außen – spürst du, wie der Luftstrom ihn zurückzieht? Lasse den Ball dann los. Erst hüpft und wackelt er, dann schwebt er wieder wie zuvor.

Das passiert ...

Wenn der Ball im Luftstrom schwebt, prallt die Luft auf seine Unterseite und wird langsamer. So entsteht ein Gebiet mit hohem Luftdruck, auf dem der Ball ruht. In einer Ecke hebt die zusammengepresste Luft ihn noch höher. Wenn du den Ball wegziehst, strömt Luft um seine runde Oberfläche und es bildet sich ein Gebiet mit niedrigem Luftdruck. Der normale Druck der Atmosphäre schiebt den Ball zurück in die Strömung. Flugzeugtragflächen sind oben gerundet und zwingen die Luft nach unten. Und da jede Aktion eine gleiche Reaktion auslöst (wie Isaac Newton herausfand), drückt die Luft unter den Tragflächen diese nach oben.

Singe unter der Dusche!

Wenn du abrockst, während du dich abschrubbst, bist du nicht allein. Die meisten Leute haben unter der Dusche eine gute Stimme. Du bist von harten Fliesen oder Kunststoff umgeben, sodass du dich gut hören kannst. Die Umgebung verstärkt deine Stimme. Manche Schallwellen dehnen sich und machen dein Lied klangvoller. Und das Wasser dämpft missglückte Töne und Arien. Also trällere weiter!

Das Frühstückslabor

#03

Saft, Getreideflocken, Eier und Tee sind Teil eines schmackhaften Frühstücks. Damit kannst du echt starke wissenschaftliche Tests machen.

Drehe deine Tasse wie einen Kreisel und du siehst kosmische Kräfte.

Was ist in (exotischen) Früchten drin?

Jeden Morgen verdrückst du mit den Flocken einen Happen Metall!

Mache aus weißer Milch einen prächtigen Regenbogen!

Wasser kann wie ein Schwert schneiden – oder so tun, als ob.

Experimente mit Eiern machen mehr Spaß als Rührei.

Der Saft-Geschmackstest

Der Magen knurrt – Zeit zum Essen! Hättest du gedacht, dass du nicht nur mit dem Mund, sondern auch mit der Nase und den Augen isst? Ob das stimmt? Mach einen Test mit deiner Familie.

1 **Klebe ein Stück Kreppband** von unten auf den Boden jedes Glases und nummeriere sie von 1 bis 4. Dein Partner darf die Zahlen nicht sehen. Fülle jedes Glas mit einem anderen Saft.

2 **Schicke deinen Partner** aus dem Zimmer. Träufle in jeden Saft eine andere Farbe und rühre um. So erkennt dein Partner den Saft nicht an der Farbe. Notiere die Nummer, die Saftart und die Farbe für jedes Glas auf einem Blatt Papier.

Das passiert ...

Du hast eben etwas Erstaunliches gelernt: Die Nase hat geheime Superkräfte. Sie „schmeckt" besser als die Zunge, weil ihre Geruchsrezeptoren 10.000 Mal empfindlicher sind als die Geschmacksknospen und dir viel mehr über Essen und Trinken verraten als die Augen. Dein Partner errät den Saft wahrscheinlich nicht mit seinen Augen und seiner Zunge allein; aber die Nase kennt die Antwort!

3 **Rufe deinen Partner herein.** Er soll sich die Nase zuhalten, aus jedem Glas nippen und den Saft erraten. Er wird verwirrt sein, denn Augen und Zunge senden ihm zwei widersprüchliche Geschmackssignale.

4 **Jetzt darf er vor dem Trinken** mit geschlossenen Augen am Saft schnuppern – wahrscheinlich rät er nun richtig, der Nase sei Dank!

Hast du eine geniale Zunge? 🔍

Einige, wenige Menschen haben Supergeschmacksknospen. Lebt einer von ihnen in deiner Familie? Ein Tropfen blaue Lebensmittelfarbe enthüllt die Wahrheit.

1 Schreibe die Namen aller Familienmitglieder auf einen Zettel. Dann bitte den ersten Freiwilligen, seine Zunge mit Küchenpapier zu trocknen.

2 Träufle blaue Lebensmittelfarbe auf ein Wattestäbchen und bemale damit seine Zungenspitze. Sage ihm, er solle Speichel auf der Zunge hin und her schwenken und schlucken, bis die ganze Zunge herrlich blau ist.

3 Lege einen Lochverstärkungsring auf seine Zungenspitze. Bitte jemanden, die Taschenlampe zu halten, während du die Fläche im Ring mit der Lupe betrachtest. Jetzt heben sich hübsche rosa Hubbel vom Blau ab: die *Geschmackspapillen*.

4 Zähle die Papillen, die du siehst, und notiere die Zahl neben dem Namen der Testperson. Wiederhole das Experiment nun mit dem nächsten Freiwilligen. (Auch Haustiere können mitmachen, wenn sie stillhalten.)

Das passiert ...

Papillen enthalten bis zu 15 Geschmacksknospen. Je mehr du hast, desto mehr schmeckst du. Superschmecker haben mehr als 30 Papillen unter dem Ring. Sie mögen oft Süßes, verabscheuen aber bittere Substanzen wie Kaffee. Etwa die Hälfte von uns hat nur 10–30 Papillen im markierten Bereich. Wer weniger als 10 Papillen hat, kann schmecken, ist aber nicht wählerisch. Frage doch die Testpersonen, ob sie bitter mögen.

Das scharfe Wasser

Wenn du einen Trinkhalm in ein Wasserglas steckst, sieht das H_2O so aus, als ob es scharf wie ein Rasiermesser sei.

Fülle ein Glas mit Wasser, stecke den Trinkhalm hinein und lehne ihn an den Rand. Gehe auf Augenhöhe mit dem Glas. Der Halm ist noch ganz – und doch scheint er zerschnitten zu sein.

Der Grund: Das Wasser bricht das Licht, das dich vom untergetauchten Teil des Halms erreicht; darum verschiebt sich dieser Teil ein wenig in deinen Augen. Das Licht vom oberen Teil wird auf dem Weg in die Augen nicht gebrochen.

Das große Eierschalenbrechen

Eier sind ein Wunder: Aus ihnen kriechen Jungvögel, Eier schmecken toll und wie du hier siehst, kann man mit ihnen chemische Versuche in der Küche machen.

① **Stecke ein Ei in eine Tasse** und gieße so viel klaren Essig hinein, dass es ganz bedeckt ist. Siehst du die winzigen Blasen auf der Schale? Das ist Kohlendioxid, das entsteht, wenn saurer Essig auf das Kalzium in der Schale trifft.

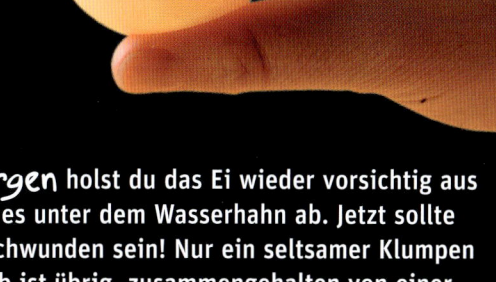

② **Verschließe die Tasse** mit Plastikfolie und lasse sie 24 Stunden stehen. Am nächsten Morgen holst du das Ei mit einem Löffel behutsam heraus. Die Schale ist dabei, sich aufzulösen. Leere die Tasse aus und bedecke das weiche Ei mit frischem Essig. Verschließe die Tasse wieder mit Folie und warte noch einmal 24 Stunden.

③ **Am dritten Morgen** holst du das Ei wieder vorsichtig aus der Tasse und spülst es unter dem Wasserhahn ab. Jetzt sollte die Schale ganz verschwunden sein! Nur ein seltsamer Klumpen aus Eiweiß und Eigelb ist übrig, zusammengehalten von einer dünnen Haut.

Mache weiter! Lege das nackte Ei in eine Tasse voller Wasser. Es schwillt an, weil Wasser durch die Haut dringt. Lasse das Ei dann in eine Tasse voller Zuckerwasser fallen. Jetzt ist mehr Wasser im Ei als draußen. Das Wasser im Ei quillt heraus, und es fällt zusammen wie ein trauriger Ballon.

Lust auf Exotik?

Welche Früchte findest du in der Küche? Magst du auch exotische? Nimm die Hände zur Hilfe: Untersuche das Fruchtfleisch, die Schalen, den Saft und die Kerne. Das geht auch sehr gut mit Orangen, Aprikosen und anderem Obst!

Noni (Südostasien)

Passionsfrucht (Südamerika)

Manche Früchte schützen sich mit Dornen, harter Haut und extrem herbem Fleisch. Keine Angst: Schäle sie, halbiere sie und kaue die Kerne und alles andere. Verzieht sich dein Mund?

Beide Früchte bewahren ihre knusprigen Kerne und ihren süßen Saft in winzigen Samenmänteln auf. Halbiere sie und löffle die leckeren Kerne heraus.

Granatapfel (Mittelmeerraum)

Kaktusfeige (Mittelmeerraum)

Mangostane
(Indonesien)

Durian
(Thailand)

Diese Früchte verbergen ihr seltsames Inneres unter einer stachligen Haut. Dotterähnliche Schoten enthalten das süße, aber übelriechende Fleisch. Rambutans haben einen riesigen Kern in der Mitte, von dem man das Fleisch ablöst.

Rambutan
(Malaysia)

Riesige und winzige Kerne – beide findest du in Früchten. Mangostane haben riesige Kerne, die man mit der Gabel isst, und bitteres Fleisch, das man wegwirft. Drachenfrüchte haben unzählige Samen, die du mit einem Löffel von der schuppigen Schale lösen kannst.

Drachenfrucht
(Asien und
Amerika)

Die Regenbogenexplosion

Ist dir die Milch am Morgen zu fad? Dann wirf ein paar Regenbögen hinein!

1 *Gieße Vollmilch* etwa 1,25 cm hoch in einen flachen Teller. Warte, bis sie Zimmertemperatur hat.

2 *Träufle mehrere Tropfen* Lebensmittelfarben auf die Oberfläche der Milch. Die Tropfen breiten sich ein wenig aus, bleiben aber an Ort und Stelle.

3 *Tauche das Ende* eines Wattestäbchens in Franzbranntwein. Berühre damit die Farbtropfen. Sie explodieren zu wilden Wirbeln und Klecksen.

Stelle einen zweiten Teller mit Milch auf, träufle Farben in die Nähe der Mitte und veranstalte ein Farbtropfenrennen. Tauche das Ende eines Zahnstochers in die Mitte des Tellers – und die bunten Tropfen rasen zum Rand, als hinge ihr Leben davon ab. Warum?

Das passiert ...

Flüssigkeiten bestehen aus vielen einzelnen Molekülen, die sich gegenseitig anziehen. So entsteht die *Oberflächenspannung* von Flüssigkeiten. Das gilt auch für Milch, die hauptsächlich aus Wasser besteht. Franzbranntwein oder Seife trennt die Wassermoleküle, und die Oberflächenspannung bricht vor allem dort zusammen, wo du Alkohol, den Franzbrantwein hinträufelst. Dann ziehen die weiter enfernt liegenden Wassermoleküle die Wassermoleküle der Milch weg, die sich in der Nähe des Alkohols befinden. Die farbigen Moleküle tanzen.

Die Drehtasse

Untersuche die erstaunlichen physikalischen Kräfte in deiner Tasse.

Fülle eine Teetasse mit Wasser und Teeblättern. (Wenn du Tee nicht magst, nimm Wasser und Konfetti.) Lasse den Tee abkühlen, stelle ihn auf den Tisch, halte die Tasse am Henkel und wirble den Tee herum. Die Blätter wandern an den Rand der Tasse, und das Wasser steht am Rand höher als in der Mitte, weil die Drehungen es von der Mitte wegdrücken. Wenn du die Tasse wieder hinstellst, dreht das Wasser sich weiter; aber jetzt sinkt es am Rand der Tasse und zieht die Blätter in der Mitte zusammen.

Magnetisiere dein Essen

Teste, ob deine Frühstücksflocken* oder Cornflakes auch Eisen enhalten.

1 Schütte eine Portion Flocken auf einen Teller. Zerdrücke sie mit den Fingern zu winzigen Krümeln und glätte dann die Krümelschicht.

2 Halte den Magneten über die Krümel, ohne sie zu berühren. Wenn sich nichts bewegt, glätte die Flocken besser (quetsche sie fein mit dem Boden eines Wasserglases). Wische den Magneten mit dem Küchenpapier ab. Siehst du feine schwarze Körnchen am Papier? Das ist Eisen!

Du brauchst:
Cornflakes, am besten mit Eisen angereicherte Frühstücksflocken*
einen Porzellanteller
einen sehr starken Magneten
ein Wasserglas
Küchenpapier
1 Plastikbeutel mit Zipverschluss, Wasser

3 Schürfe nun Eisen mit Wasser. Zerdrücke noch eine Portion Flocken und schütte sie in den Plastikbeutel. Fülle ihn mit Wasser, verschließe ihn und berühre ihn mit dem Magneten. Zieht er ein paar schwarze Körnchen an den Rand? Leere den Teller, gieße Wasser darauf, und lasse ein paar ganze Flocken darauf treiben. Kannst du sie mit dem Magneten steuern?

Hole die Flocken aus dem Wasser. Zerdrücke noch mehr Flocken und streue sie aufs Wasser. Siehst du winzige schwarze Flecke? Wenn ja, ziehe sie mit dem Magneten an eine Seite des Tellers.

* Solche Flocken gibt es in den USA oder übers Internet. Die Flocken sollten mindestens 18 mg Eisen pro Portion enthalten.

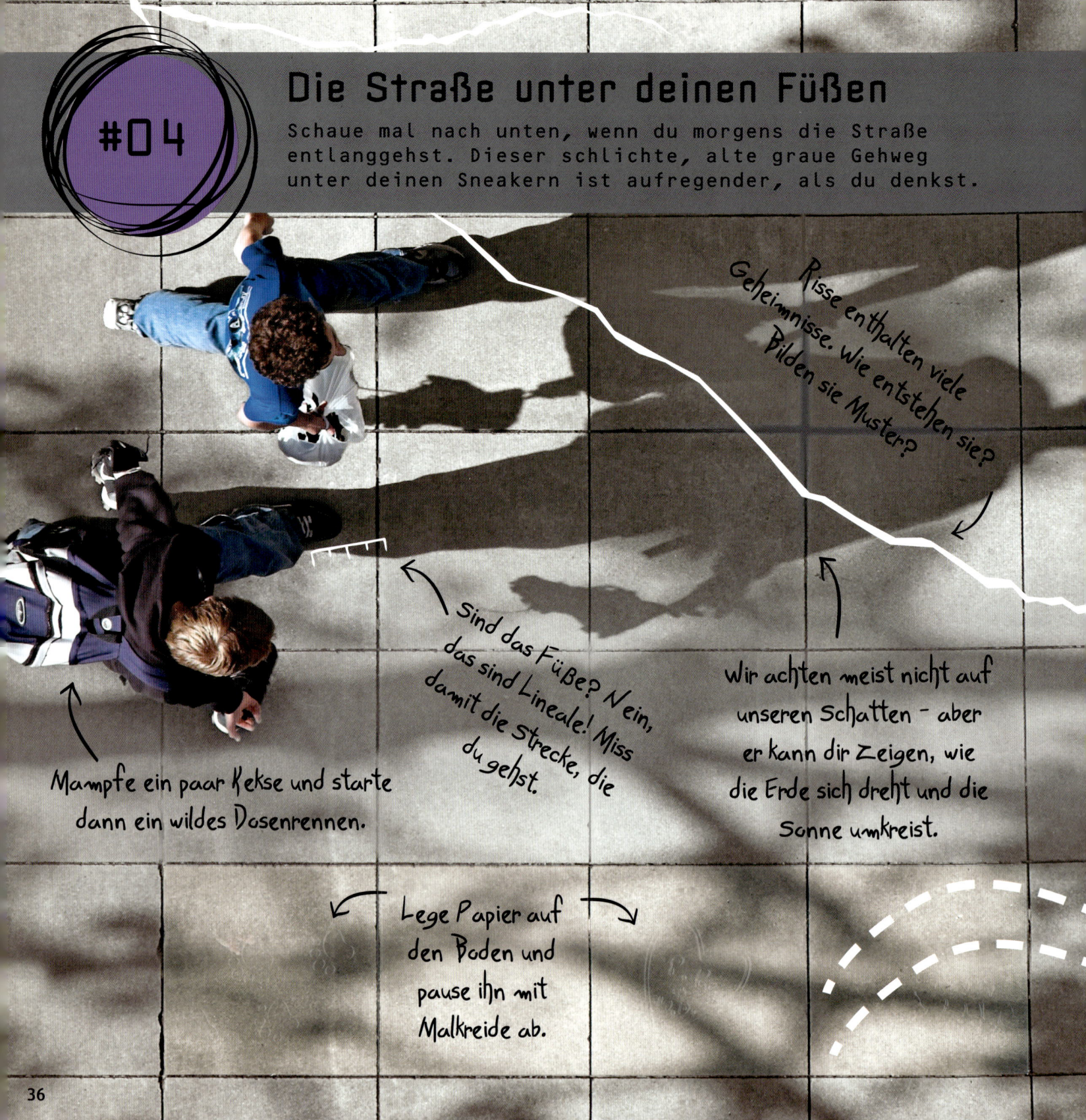

Die Straße unter deinen Füßen

Schaue mal nach unten, wenn du morgens die Straße entlanggehst. Dieser schlichte, alte graue Gehweg unter deinen Sneakern ist aufregender, als du denkst.

Risse enthalten viele Geheimnisse. Wie entstehen sie? Bilden sie Muster?

Sind das Füße? Nein, das sind Lineale! Miss damit die Strecke, die du gehst.

Wir achten meist nicht auf unseren Schatten - aber er kann dir zeigen, wie die Erde sich dreht und die Sonne umkreist.

Mampfe ein paar Kekse und starte dann ein wildes Dosenrennen.

Lege Papier auf den Boden und pause ihn mit Malkreide ab.

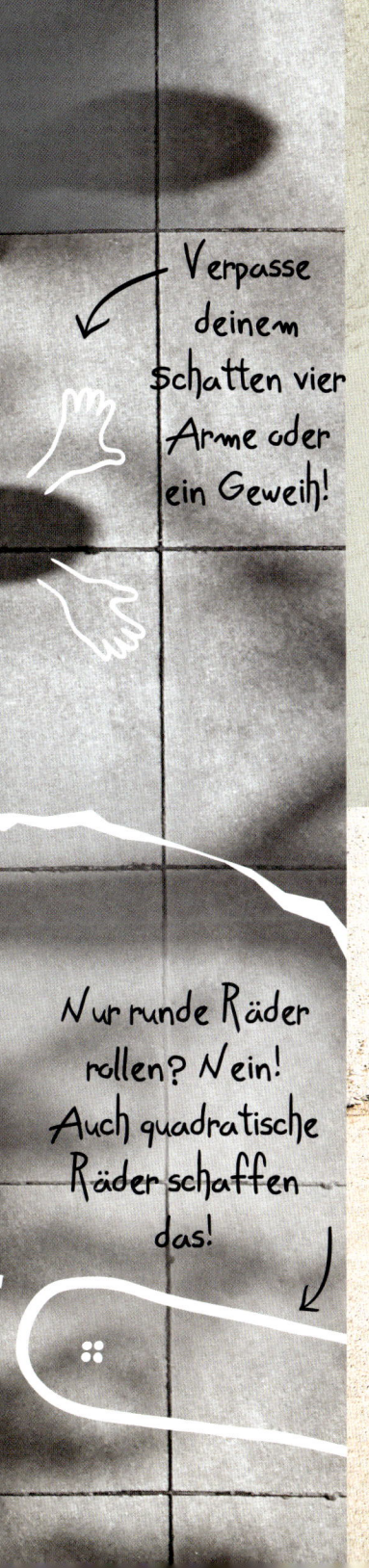

Verpasse deinem Schatten vier Arme oder ein Geweih!

Nur runde Räder rollen? Nein! Auch quadratische Räder schaffen das!

Eine Abreibung für den Weg

Eine Straßenfrottage (Abreibung) enthüllt die Geheimnisse der Stadt. Du brauchst dafür nur Malkreide, dickes Papier und Neugier.

1 **Fast alles** eignet sich für eine Frottage: Gullydeckel, Fassaden, Fassadenfriese, Metallschilder von Bauunternehmen und ungewöhnliche Gitter. Oder probiere deine erste Abreibung auf den „Formen", die du links siehst. Pass besonders an der Straße auf: Wenn du kniest, sieht man dich schlecht. Tiere und Laub hinterlassen oft Abdrücke in nassem Zement und eignen sich gut für Frottagen, wenn der Zement trocken ist.

2 **Trockne das Objekt.** Lege das Papier darauf oder befestige es mit Klebestreifen, reibe mit der Malkreide über das Papier, bis eine Abbildung erscheint.

3 **Mache weiter, bis das Bild** klarer wird. Siehst du etwas Unbekanntes? Einen fremden Straßennamen? Erkundige dich! Frottagen können verlorene Teile der Stadtgeschichte offenbaren.

Spiele mit deinem Schatten

Dieses graue Ding, das Schatten heißt, wird nicht einfach von den Füßen mitgeschleppt. Du lernst es besser kennen, wenn du es lustige Kunststücke machen lässt.

Probiere mit ein paar Freunden ein Schattenspiel. Stellt euch hintereinander, dreht der Sonne den Rücken zu, streckt die Arme aus und schwenkt sie auf und ab – schon seid ihr Eidechsen!

Stelle dich vor einer hellen Wand neben einen Freund. Legt die Hände auf den Kopf, zieht den Kopf ein und die Schultern hoch – jetzt hat der Schatten Monsteraugen.

37

Ein krasses Schattenbild

Hast du Angst vor deinem eigenen Schatten? Dann verwandle den Schatten eines Lieblingsspielzeugs in ein Kunstwerk, das ein uraltes Geheimnis des Sonnensystems darstellt.

Das passiert ...

Dein Schatten begleitet dich, aber er verändert sich im Laufe des Tages. Morgens steht die Sonne tief im Osten und die Schatten sind lang und zeigen nach Westen. Während die Erde sich dreht, steigt die Sonne am Himmel und wandert scheinbar westwärts. Dabei werden die Schatten kürzer und zeigen in die entgegengesetzte Richtung. Sobald die Sonne nach Westen hin sinkt, zeigen die Schatten nach Osten und werden länger, bis sie in der Dunkelheit verschwinden. Das ist die Lösung eines Rätsels, das die Menschen erst nach Jahrtausenden lösten: Die Erde dreht sich und umkreist die Sonne *(Heliozentrismus)*.

1 **Stelle ein Spielzeug** auf den Boden und zeichne mit Kreide den Umriss des Spielzeugschattens nach.

2 **Warte 1 Stunde** und zeichne den Umriss des Schattens mit einer anderen Farbe. Ist er länger oder kürzer geworden? Sieht er gequetscht aus oder klarer umrissen?

So verändern sich Schatten während des Tages!

3 **Mache weiter so** und zeichne den Schattenumriss in Abständen von 1 Stunde nach. Bald hast du einen bunten Strahlenkranz aus Schattenbildern auf dem Gehweg.

Du willst nicht den ganzen Tag zeichnen? Dann suche dir einen hohen Gegenstand und zeichne ihn alle 20 Minuten. Der Schatten ändert sich in kürzeren Zeitabständen deutlicher.

So entstehen Risse im Gehweg

Du glaubst bestimmt, dass Gehwege nach Belieben Risse bekommen. Aber sie fallen recht geordnet auseinander.

1 Suche einen solchen Riss, am besten auf Gehwegen und Spielplätzen, wo Schilder oder Wurzeln das Pflaster aufbrechen.

2 Lege einen Winkelmesser (du benutzt ihn im Geometrieunterricht) oder ein Geodreieck auf den Gehweg und miss die Winkel zwischen den Rissen.

Das passiert ...

90-Grad-Winkel entstehen, wenn Dinge im Gehweg stecken, die ungleichmäßigen Druck auf ihn ausüben und ihn in einem rechten Winkel zerbrechen. Du findest bestimmt auch viele dreifache Sprünge, zwischen denen 120-Grad-Winkel liegen. Diese Risse bilden sich unter gleichmäßigen Belastungen: Temperaturwechsel, aufquellendes Wasser, Bodenverschiebungen unter dem Gehweg ...

Falls du je mal eine alte Lavaschicht siehst, suche nach Rissen. Wenn heiße Lava abkühlt, schrumpft und splittert sie. Wie so oft geht die Natur auch hier den einfachsten Weg, um möglichst wenig Energie zu vergeuden. Das schafft sie in diesem Fall mit Winkeln von 120 Grad an den Rissen.

Natur trifft Kunst: Andy Goldsworthy

Andy Goldsworthy macht Kunst aus der Zufälligkeit der Natur. Für *Sorgsam zerbrochene Kiesel* (1985) schlug er ovale Steine mitten durch, schabte ihre Kanten weiß und ordnete sie als Spirale an, die immer dünner wird. Für seine Kunst verwendet er natürliche Dinge wie Blätter, Blüten, Äste und sogar Eis.

Wenn du gern Steine zertrümmerst, suche dir ein paar große Exemplare, wickle sie in eine Decke und schlage erst leicht, dann stärker darauf. Bald siehst du faszinierende Risse. Fotografiere hübsche Muster und haue weiter drauf! Ordne Bruchstücke zu Mustern oder beobachte, was passiert, wenn festes Material zerbricht.

Das passiert ...

Quadratische Räder rollen leicht über eine Fläche mit Kuppen. Diese brauchen den richtigen Abstand, die richtige Größe und Form. Denn der Abstand zwischen den Achsen und der „Straße" ist immer gleich, egal ob die Achse über dem tiefsten Punkt zwischen zwei Röhren oder über dem höchsten Punkt einer Kartonrolle liegt.

Quadratische Räder!

Jeder weiß, dass man einen eckigen Keil nicht in ein rundes Loch stecken kann. Aber du kannst ein Rennauto mit quadratischen Rädern bauen!

1 **Klebe die Toilettenpapierrollen** nebeneinander mit Heißkleber auf das Rechteck aus Hartschaum. Sie müssen einander berühren. Das ist deine Straße!

2 **Schneide ein 5 x 13 cm großes Stück** aus Pappe zurecht – das wird die Karosserie. Schneide dann zwei Trinkhalme in 5 cm lange Stücke und klebe sie 1 cm von den Enden entfernt auf die Unterseite des Autos.

3 **Schneide vier** quadratische Räder (Seitenlänge 5 cm) aus Pappe aus. Zeichne ein X von Ecke zu Ecke, um die Mitte zu finden, und stich dort mit einer Pinnwandnadel ein Loch.

4 **Für die Achsen schneidest du** die Bambusspieße in zwei 13 cm lange Stücke. Stecke ein Rad so auf einen Spieß, dass es 2 cm vom stumpfen Ende entfernt ist, und schiebe den Spieß dann durch einen Halm. Befestige nun das zweite Rad und danach das zweite Spieß-Rad-Paar.

5 **Stich an einem Ende des Autos ein Loch** zwischen Kante und Halm und stecke ein Ende einer Büroklammer ins Loch. Schlinge ein Stück Bindfaden durch die Büroklammer.

Du brauchst:

Heißklebepistole
24 leere Toilettenpapierrollen
eine 10 x 76 cm große Hartschaumplatte
Schere
Pappe
2 Trinkhalme
Bleistift
Pinnwandnadel
2 Bambusspieße
Büroklammer
Bindfaden

6 **Das Rennen beginnt!** Setze dein Auto auf die „Straße" und ziehe am Faden. Es rollt fast so elegant wie ein echtes Auto mit runden Rädern.

Ein Entfernungsmesser

Vor langer Zeit benutzten die Menschen lustige Längenmaße: Gerstenkörner, Ellen, Ruten. Du kannst mit deinen Füßen deine eigene Maßeinheit erfinden.

Nimm ein Lineal und Kreide mit nach draußen. Ziehe auf dem Gehweg eine Startlinie und setze die Zehen direkt davor. Mache 10 normale Schritte und zeichne dann wieder eine Linie vor die Zehen.

Miss die Entfernung von der Start- bis zur Ziellinie. Teile die Zahl durch 10; du bekommst deine *Schrittweite*, den Abstand zwischen dem Aufsetzen einer Ferse und dem nächsten Aufsetzen dieser Ferse. Die *Schrittlänge* ist der Abstand zwischen dem Aufsetzen einer Ferse und dem der anderen.

Jetzt kannst du Entfernungen mit deiner Schrittweite messen. Wenn sie 76 cm beträgt und du 1500 Schrittweiten bis zur Schule brauchst, bist du 114.300 cm (1143 m) gelaufen.

Das kolossale Keksdosenrennen

Können gleich große Räder mit unterschiedlicher Geschwindigkeit bergab rollen? Ja! Dafür brauchst du einen Freund und eine Menge Kekse.

1 Iss mit deinem Kumpel alle Kekse, die in 2 gleich großen runden Dosen enthalten sind.

2 Besorge dir ein Klettband und 10 metallene Unterlegscheiben, jede 100 g schwer, im Baumarkt.

3 Klebe 5 Scheiben mit Klettband gleichmäßig verteilt auf den Boden einer Dose. In der Mitte der anderen Dose befestigst du mit Klettband einen Stapel aus 5 Scheiben. Schließe den Deckel der Dosen.

4 Suche dir eine steile Straße mit glattem Gehweg. Jeder von euch lässt nun eine Dose hinabrollen. Welche kommt zuerst unten an?

Das passiert …

Die Dose mit den Scheiben in der Mitte gewinnt immer. Beide Dosen haben oben auf dem Hügel die gleiche *potenzielle Energie*: Sie sind auf derselben Höhe und haben die gleiche Masse. Aber diese Masse ist unterschiedlich verteilt. Die Dose mit den Scheiben am Rand verbraucht mehr potenzielle Energie, nur um zu rollen. Die Dose mit der Masse im Zentrum spart Energie für das Rennen bergab.

Wissenschaft in der Schule

Das Klassenzimmer ist ein Trainingsraum fürs Gehirn. Ein paar tolle wissenschaftliche Spiele sind zusätzliche Gehirngymnastik.

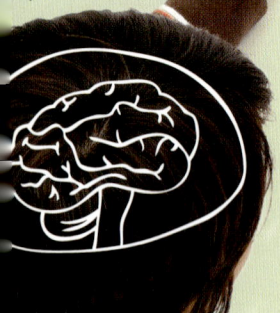

05

Verwirre dein Gehirn mit falschen Erinnerungen!

Knurrt der Magen? Iss einen Satzsalat!

Baue einen schiefen Turm!

Drehe dich mit dem Stuhl wie ein Eiskunstläufer!

Mache coole Gebilde aus Papier!

Worte gegen Farben

Bei diesem verwirrenden Spiel spielst du die Fähigkeit, Farben zu erkennen, gegen das Lesen aus.

1 Lege wasserlösliche Folienstifte in den Farben des Regenbogens zurecht. Zeichne auf der weißen Tafel links eine Tabelle mit drei Spalten und sechs Reihen.

2 Schreibe mit einem blauen Stift das Wort rot in ein Feld der Tabelle. Schreibe dann in einer anderen Farbe *grün* in das nächste Feld und so weiter. Schreibe Wörter mit der gleichen Farbe nicht nebeneinander und nicht mit der richtigen Farbe.

3 Mache so weiter: Schreibe *rosa* mit einem grünen Stift und so weiter, bis die Tabelle voll ist mit Farbnamen, die mit falschen Farben geschrieben sind.

4 Bitte einen Freund, jedes Wort laut zu lesen. Stoppe seine Zeit mit deiner Uhr. Stoppe ihn dann noch einmal, wenn er die Farbe sagt, in der jedes Wort geschrieben ist – er wird stottern, weil seine Augen die Farben sehen, sein Gehirn aber die Worte hört.

> Mache so eine Tabelle noch einmal, stelle das Whiteboard auf den Kopf und bitte den Freund, die Farben zu nennen, in der die Worte geschrieben sind – kein Problem, denn das Gehirn ignoriert die umgekehrten Worte und achtet nur auf die Farben.

Ulkige Bilder

Klebeband, wasserlösliche Folienstifte, Haftnotizen, ein paar Mitschüler und das Whiteboard links – mehr brauchst du nicht für das tolle Spiel »köstliche Leiche«.

1 Suche dir ein Thema für ein Bild: Monster, Häuser, was immer du willst.

2 Der erste Spieler klebt eine Haftnotiz oben auf das Whiteboard. Dann hebt er den Zettel hoch, zeichnet versteckt den oberen Teil des Bildes und klappt den Zettel wieder nach unten. Der Nächste sollte nur ein bisschen von der Zeichnung sehen.

3 Einer nach dem anderen klebt eine neue Haftnotiz unter die letzte und zeichnet dann verborgen einen neuen Teil des Bildes. Jeder lässt ein Stückchen der Zeichnung hervorgucken.

4 Wenn jeder etwas zur Leiche beigetragen hat, reißt ihr die Haftzettel ab und bestaunt das Kunstwerk. Es kann wirr, aber auch großartig aussehen. Aber es ist bestimmt ein lustiger Toter.

Ihr braucht keine Leiche! „Köstliche Leiche" ist ein Zeichenspiel mit einem albernen Namen. Künstler haben es sich Anfang des 20. Jahrhunderts ausgedacht.

Das Buchkarussell

So kannst du dich mit einem Drehstuhl, zwei Büchern und einem Kumpel in eine Impulsmaschine verwandeln.

Das passiert ...

Ein wichtiges physikalisches Gesetz macht dieses Spiel möglich. Der *Drehimpuls* sagt dir, wie schwer es ist, ein Objekt, das sich dreht, zu stoppen oder ein Objekt in Drehung zu versetzen. Beides ist umso schwerer, je größer der Drehimpuls ist. Der Drehimpuls ist das Produkt aus der *Winkelgeschwindigkeit* (um wie viele Grade drehst du dich in einer Sekunde?), deiner *Masse* und der Entfernung deiner Masse vom Drehzentrum. Wenn einer dieser Faktoren sich ändert, ändert sich auch ein anderer, sodass der Impuls gleich bleibt. Wenn du die Arme während der Drehung einziehst, wird der Abstand vom Drehzentrum zur Masse der Arme kürzer. Der kleinere Radius erhöht die Drehzahl, weil der Drehimpuls gleich bleibt. Die Bücher erhöhen die Masse deiner Hände und du drehst dich noch schneller!

① **Suche einen Stuhl,** der sich sehr leicht dreht (frage deinen Lehrer höflich; vielleicht überlässt er dir seinen). Setze dich, halte ein schweres Buch in jeder Hand und strecke die Arme aus.

② **Bitte einen Freund,** dich in Drehung zu versetzen. Sobald du dich ordentlich schnell drehst, geht er einen Schritt zurück. Zieh die Arme mit den Büchern zu dir heran. Hurra – du drehst dich noch schneller!

Der schiefe Turm

Dieser schiefe Turm aus Büchern widersteht der Schwerkraft.

① **Wenn der Lehrer einverstanden ist,** bitte deine Mitschüler um ihre Schulbücher (alle müssen gleich sein, sonst klappt der Trick nicht).

② **Staple die Bücher gleichmäßig.** Die Rücken sind dir zugewandt. Schiebe das oberste Buch so weit nach rechts, wie es möglich ist, ohne dass es fällt.

③ **Lasse das oberste Buch liegen** und schiebe das zweite Buch so weit nach rechts, wie es möglich ist, ohne dass es selbst oder das erste fällt. Jedes Mal, wenn du ein Buch verschiebst, suchst du einen neuen Schwerpunkt für dieses Buch und die Bücher über ihm. Jede Buchkante ist ein *Stützpunkt*, der das Gewicht der oberen Bücher trägt.

④ **Arbeite dich nach unten** und verschiebe Bücher nach rechts. Eine Formel erklärt dieses Spiel: Du kannst das oberste Buch um die halbe Länge des zweiten verschieben, das zweite und dritte um ein Viertel der Länge der Bücher unter ihnen ... Wenn du ein Buch so weit nach vorne schiebst wie das Buch darüber, kippt der Turm.

Falsche Erinnerungen

Deinen Erinnerungen kannst du vertrauen ...
oder *nicht*?

1 Gib dieses Buch einer Freundin und bitte sie,
die folgende Wortliste langsam vorzulesen.

schmackhaft
Honig
Beere
Herz

nett
Zucker
Schokolade
Bonbon

herb
Limonade
gut
Kuchen

2 Schreibe innerhalb von 3 Minuten alle Wörter auf, die du behalten hast (nicht spicken!). Die meisten werden stimmen. Aber vielleicht notierst du auch ein Wort, das nicht auf der Liste steht, z.B. *süß*. Warum? Dein assoziatives Gedächtnis hat dich ausgetrickst! Wenn du an Honig denkst, denkst du gleichzeitig an süß, und diese Assoziation kann so stark sein, dass sie falsche Erinnerungen erzeugt.

3 Schreibe deine eigene Wortliste und teste damit deine Freundin. Alle Wörter sollen zu einem Thema gehören, etwa zu einem Gefühl, einer Aktivität oder einer Eigenschaft (z.B. Geschwindigkeit, Dunkelheit oder Spaß). Lies ihr die Wörter vor und bitte sie, diese aufzuschreiben. Enthält ihre Liste ebenfalls Patzer?

Gemischter Satzsalat

Du kannst ihn nicht essen, aber ein Satzsalat zeigt dir auf lustige Weise, warum Worte zusammenpassen oder nicht.

1 Besorge dir 4 Blatt Bastelpapier: gelb, rot, lila und blau. Schneide jedes in 8 Streifen.

2 Schreibe auf jede Seite der gelben Streifen ein Nomen in der Einzahl, z.B. *Apfel*. Auf die roten Streifen schreibst du Verben (in der 3. Person, z.B. *läuft)*, auf die lila Streifen Präpositionen (z.B. *über*) und auf die blauen Konjunktionen (z.B. *und)*.

3 Zeit zum Salatmischen: Wirf deine 64 leckeren Wörter in eine Schachtel und schüttle sie.

4 Ziehe 6 Streifen in dieser Reihenfolge heraus: gelb, rot, lila, gelb, blau, rot. Lege sie nebeneinander und lies deinen Salat.

Das passiert ...

Drehe die Streifen um und lies die Wörter auf den Rückseiten. Vielleicht kommt ein holpriger Satz heraus, weil die Satzteile und ihre Reihenfolge gleich bleiben. Beispielsweise: „Schwein springt über Holzklotz und lacht" und „Haus fällt in Teich, aber tanzt" enthalten Hauptwort, Verb, Präposition, Hauptwort, Konjunktion, Verb. Selbst wenn du nicht alle grammatischen Regeln kennst, beweist der Salat, dass du die *Syntax* kennst, den richtigen Satzbau. Das hast du dein Leben lang gelernt; darum erkennst du, was ein Satz ist und was kein Satz ist, selbst wenn du nicht weißt, was Konjunktion bedeutet.

Mathe ist überall

Mathe findest du nicht nur in Büchern, sondern auch in Pflanzen, in Gebäuden und in deinem Körper – denn sie alle folgen erstaunlich mathematischen Mustern. Suche während deines Schultages nach solchen Mustern.

Sporthalle

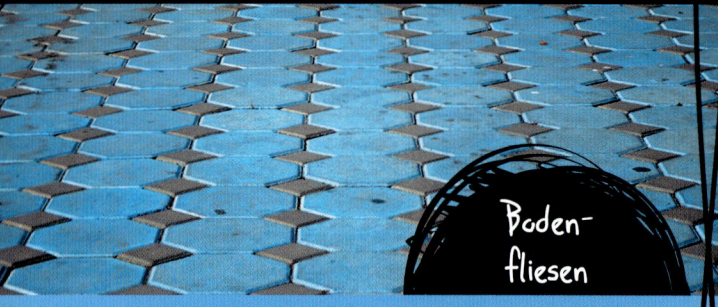

Boden-fliesen

In den Fliesen und Mosaiken der Schulwände und Klassenzimmer erkennst du *Parkettierungen*, Muster aus sich wiederholenden geometrischen Formen, die ohne Abstand nebeneinander liegen. Die Formen können gleich oder verschieden sein. Ein *Tangram* besteht aus 7 Teilen, die sich zu einem Quadrat oder vielen anderen Formen fügen.

Tangram-spiel

Symmetrie ist ein unvermeidliches mathematisches Prinzip. Unser Gehirn liebt ausgewogene, proportionale Anordnungen; darum verwenden wir sie in jedem Bauwerk. Suche in der Schule nach symmetrischen Wänden, Fenstern und anderen architektonischen Merkmalen. Ihre gleichen Elemente scheinen an einem fernen Punkt zusammenzulaufen, und zwar auf Linien, den *Orthogonalen*.

Sitze in der Aula

Romanesco

Fraktale Muster verzweigen sich zu immer kleineren gleichen Formen. Sie sind im Essen zu finden (im Romanesco sind sie gut erkennbar) und in deinem Körper – in den Nerven, der Lunge und den Adern. In diesem Moment benutzt du die fraktal aufgebauten Augennerven (siehe unten) zum Lesen!

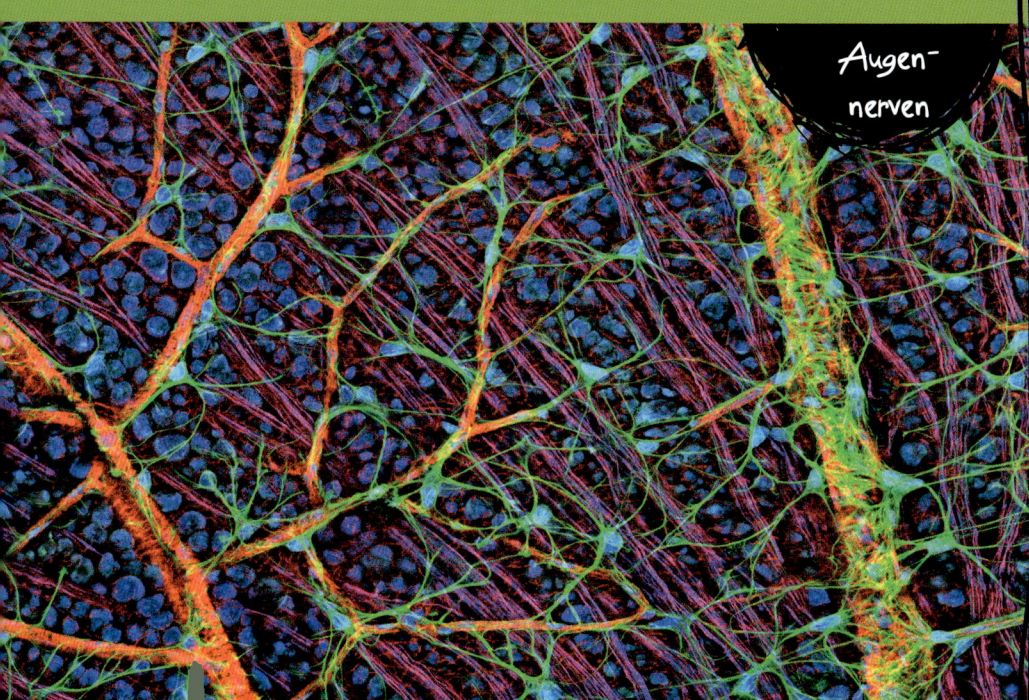

Augen-nerven

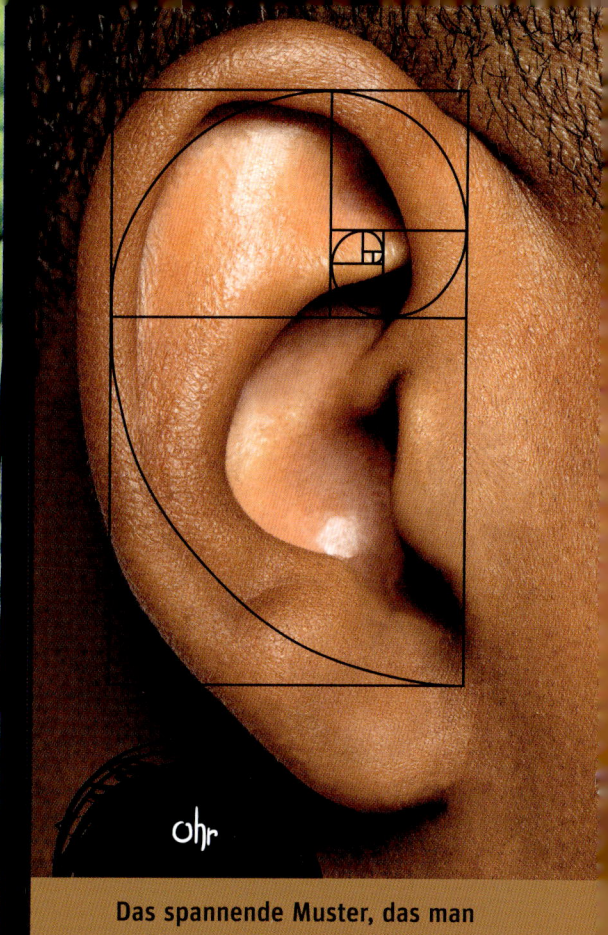

Ohr

Das spannende Muster, das man *Goldenen Schnitt* nennt (dabei sind kleinere Rechtecke in einer abnehmenden Spirale proportional zu den größeren) ist z. B. in Meeresschnecken oder in den Formen unserer Ohren zu sehen.

fossile Meeres-schnecke

Verdrehe dein Hirn mit einem Möbiusband

Papier benutzt du täglich. Du schreibst darauf, aber du kannst damit auch tolle physikalische Tricks vorführen, z.B. aus einem zweiseitigen Objekt ein einseitiges machen.

① **Schneide von einem Blatt Papier** einen 2,5 cm breiten Streifen ab und klebe ein Stück durchsichtiges Klebeband an ein Ende.

② **Mache eine Schleife:** Führe die beiden Enden des Streifens zusammen, als wolltest du ein kreisförmiges Band machen. Doch bevor du die Enden zusammenklebst, drehst du das nicht beklebte Ende um und verbindest es erst dann mit dem anderen Ende. Jetzt hast du ein verdrehtes Möbiusband.

③ **Zeichne ein X** auf die Mitte des Bandes. Ziehe eine Linie vom X um das ganze Band herum und zurück zum X. Du brauchst den Bleistift nie abzusetzen, weil ein Möbiusband nur eine Seite hat, obwohl es aussieht, als hätte es zwei!

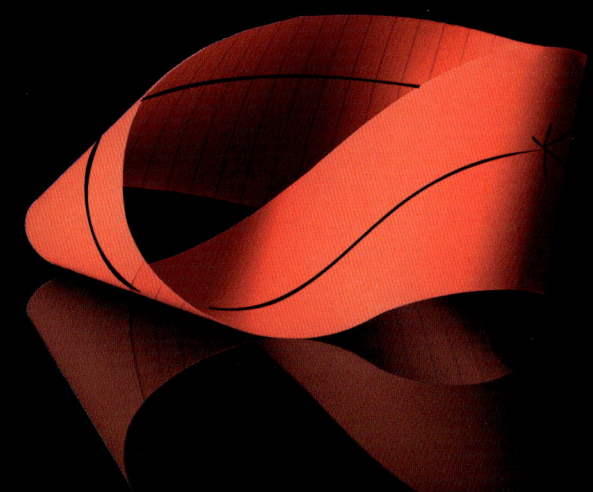

Das exponenzielle Papierfalten

Verwette dein Essensgeld auf diesen Falttrick, und wir versprechen dir, dass du bald mehr zu essen hast, als du brauchst.

① **Lege ein Blatt Zeitungspapier** auf den Tisch und frage deine Freunde, ob sie es 10 Mal oder öfter falten können. „Na klar!"

② **Sage ihnen, sie sollen das Blatt** in der Mitte falten. Jetzt haben sie zwei Lagen.

③ **Fordere sie auf,** das Papier weiter zu falten (ohne die beiden ersten Schichten aufzufalten).

Das passiert ...

Papier lässt sich leicht falten; aber wenn die Fläche des Papiers abnimmt und die Dicke zunimmt, wird es immer schwerer. Lass uns ein wenig rechnen: Wenn du das Papier 1-mal faltest, bekommst du 2 Schichten, weil $1 \times 2 = 2$ ist. Falte es 2-mal. Dann hast du $2 \times 2 = 4$ Schichten. Wenn du es 10-mal falten könntest, hätte es 2^{10}, das sind 1024 Schichten. Die konnte nicht mal Superman falten!

④ **Lasse sie so weitermachen.** Das Papier wird jedes Mal doppelt so dick und sie werden nach ein paar weiteren Versuchen aufgeben.

Kleines Papier, großes Kind

Kannst du in ein Blatt Papier ein Loch schneiden und dann durchkriechen?

Dafür müsstest du eine große Fläche (dich) durch eine kleine quetschen: durch ein Blatt Druckerpapier. Reicht ein quadratisches oder rundes Loch? Nein? Aber das Problem ist lösbar.

1 *Falte das Papier* der Länge nach in der Mitte (siehe unten). Drehe die gefaltete Seite zu dir hin. Setze eine Schere 2,5 cm vom kurzen Rand entfernt an und schneide ins Papier, aber hör 2,5 cm vor der ungefalteten Seite auf.

2 *Drehe das Papier,* sodass die Faltkante von dir abgewandt ist. Schneide 1,25 cm vom letzten Schnitt entfernt in die ungefaltete Seite, aber höre 2,5 cm vor der gefalteten Seite auf. Drehe das Papier wieder um und wiederhole diese Schritte in Abständen von 1,25 cm.

3 *Öffne das* gefaltete Papier und schneide entlang der Faltkante, aber nicht durch den letzten Streifen an beiden Seiten. Schüttle das Papier und du bekommst einen Ring, durch den du tanzen kannst!

Geometrie trifft Kunst: Matt Shlian

Dieser Ingenieur und Künstler kreuzt die alte Kunst des Origami mit High-Tech-Computermodellen und macht daraus erstaunlich komplexe Papierskulpturen. „Papier hat etwas Unmittelbares an sich", sagt Shlian, der sich „Entdecker und Forscher" nennt. Als Kind nahm er Pop-up-Bücher auseinander, um herauszufinden, wie sie funktionierten. Später studierte er Kunst. „Ich bin neugierig", sagt er. „Ich machte alles ... Glasbläserei, Keramik. Ich wusste nicht, was ich tat; aber wenn man nichts weiß, ist alles möglich." Lass dich von Shlians Unbekümmertheit anstecken. Falte, schneide und staple Papier, und erforsche all die 3-D-Strukturen und -Muster, die du mit diesem einfachen und doch komplexen 2-D-Material machen kannst.

Forschung in der Pause

Juhu! Renne hinaus und schüttle Arme und Beine –
und amüsiere dich dann mit Spielplatzphysik,
Sportgeheimnissen und Asphaltknobeleien.

#06

Wenn du in der Pause herumrennst und hüpfst, benutzt du Neuronen: Nervenzellen. Davon hast du allein im Gehirn 100 Milliarden!

Die besten Experimente sind die albernsten. Steige auf Klettergerüste, lasse Dinge runterfallen und lerne etwas über den freien Fall.

„Leicht wie Luft" führt in die Irre. Luft hat ein Gewicht, und du kannst es messen.

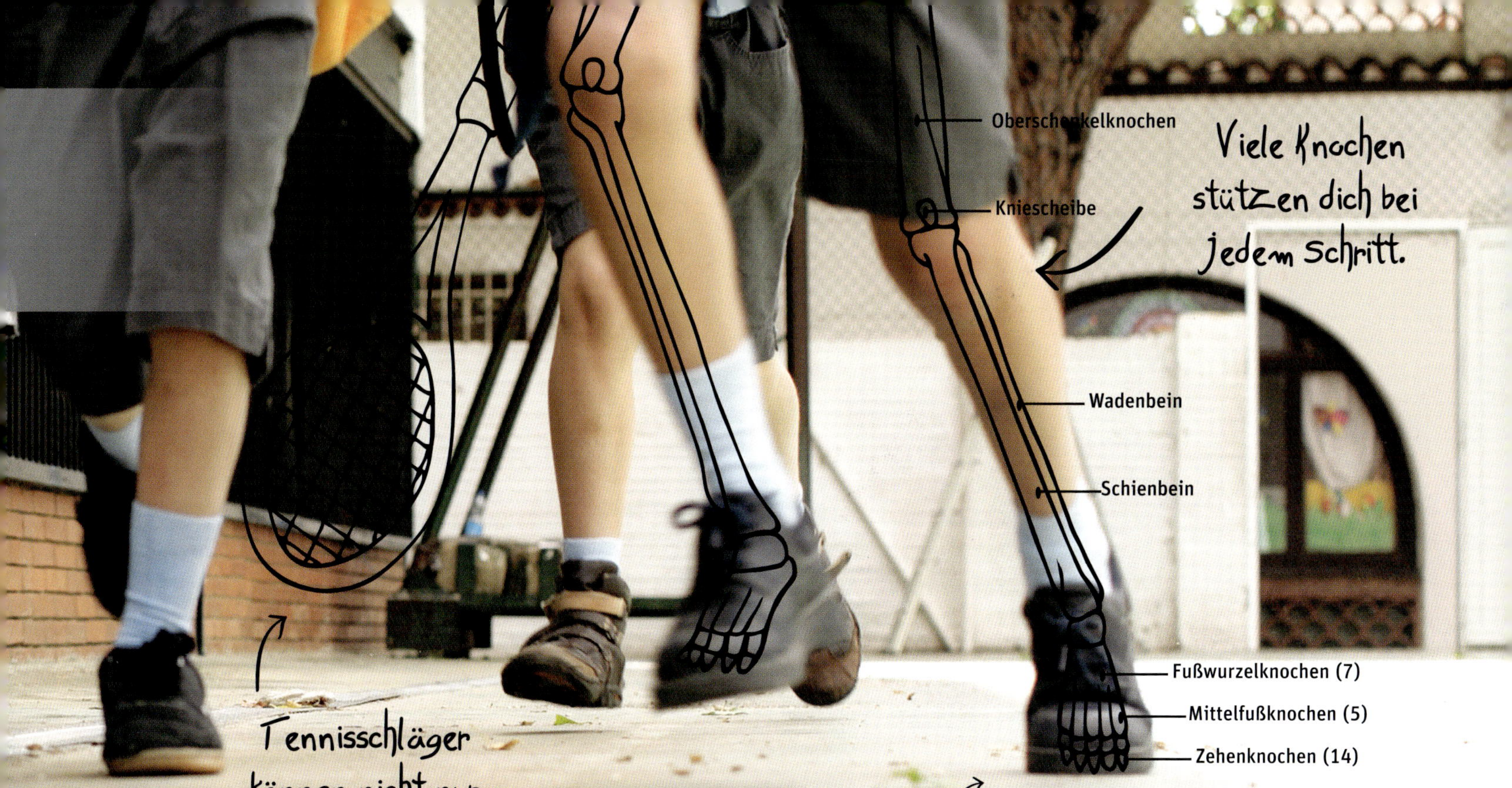

Oberschenkelknochen

Viele Knochen stützen dich bei jedem Schritt.

Kniescheibe

Wadenbein

Schienbein

Fußwurzelknochen (7)

Mittelfußknochen (5)

Zehenknochen (14)

Tennisschläger können nicht nur Bälle schmettern; sie können dir auch zeigen, wie fantastisch deine Hände arbeiten.

He, pass doch auf! Ein trickreicher kleiner Test verrät dir, wie schnell deine Nerven und Muskeln reagieren.

Platschen, spritzen, quetschen und hüpfen? Wasserballons können das alles und sie zeigen dir sogar, wie normale Bälle springen.

Pendeln und Schaukeln

Pendel werden in Maschinen aller Art verwendet, in Uhren ebenso wie für Schaukeln. Schwing dich hinauf!

① *Setz dich* und prüfe die drei Hauptteile dieses Pausenlieblings. Am *Drehpunkt* sind die Ketten an der Stange befestigt; sie sind hier das *Pendel*. Das Pendelgewicht bist du selbst.

② *Achte auf die Bewegungen.* Wenn du nach vorn schwingst, lehnst du dich zurück und streckst die Beine. So erzeugst du Luftwiderstand und dein Zerren an den Ketten (am Pendel) hebelt sie um den Drehpunkt herum, wobei der Ausschlag des Pendels größer wird. Beim Schwung nach hinten beugst du dich vor und ziehst die Beine an. Die Schwerkraft zieht dich leicht nach unten, weil du weniger Luftwiderstand erzeugst.

③ *Bitte eine kleinere oder größere Freundin,* sich neben dich zu setzen. Schwingt sie schneller oder langsamer? Weder noch! Sie schwingt im gleichen Tempo, wenn die Ketten ihrer Schaukel genauso lang sind wie deine. Die Dauer eines Ausschlags hängt von der Länge des Pendels ab.

Kannst du oben über die Stange schwingen? Nein. Sobald du höher als 90 Grad schwingst, werden die Ketten einen Moment lang schlaff, bevor du sinkst. Je höher der Schwung, desto schlaffer werden sie; darum reicht die Schwungkraft nie, um über die Stange zu kommen.

Gewicht

Drehpunkt

Pendel

Hüpfende Wasserballons

Können geschleuderte Wasserballons dir zeigen, wie Sportbälle springen? Klar! Da sie weicher sind als Sportbälle und sich langsamer bewegen, zeigen sie dir, wie ein richtiger Ball sich beim Aufprall auf dem Boden verformt.

① *Bestreiche einen Ballon* mit Speiseöl und stopfe ihn in einen trockenen Ballon. Jetzt platzen sie nicht mehr so leicht. Fülle den inneren Ballon mit Wasser und knote beide gut zu.

② *Lass den Ballonball* fallen, beobachte ihn genau. Er speichert Energie, während die Schwerkraft ihn nach unten zieht.

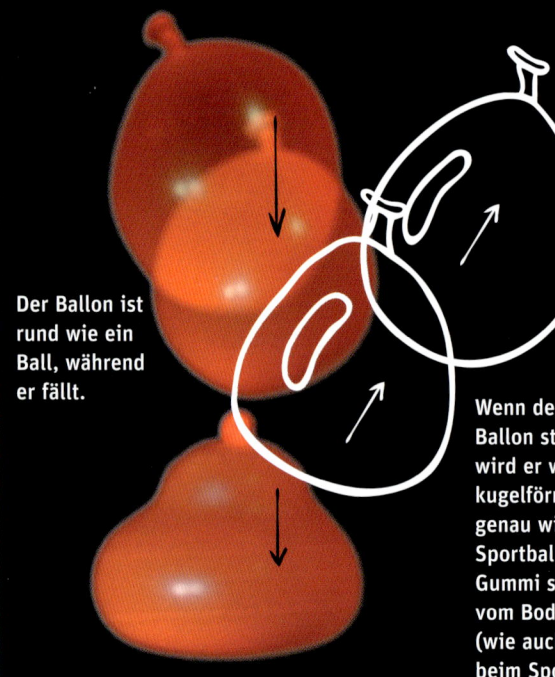

Der Ballon ist rund wie ein Ball, während er fällt.

Wenn der Ballon steigt, wird er wieder kugelförmig, genau wie ein Sportball. Sein Gummi schnellt ihn vom Boden weg (wie auch Leder beim Sportball) und schleudert ihn hoch. Nun ist er bereit für den nächsten Hüpfer.

Wenn er aufprallt, wird er flach gedrückt. So verformt sich ein Ball, wenn er auf Asphalt trifft. Die Energie, die beim Fallen entsteht, wird freigesetzt, wenn der Gummi des Ballons nach außen schnellt.

Fallen lassen!

Folge einer stolzen wissenschaftlichen Tradition und beobachte fallende Dinge, um mehr über die Schwerkraft zu erfahren.

1 Du brauchst einen kleinen Kieselstein, eine große Feder und Platz zum Fallenlassen, zum Beispiel von der obersten Sprosse einer Kletterwand. Pass auf, dass niemand unten steht!

2 Nimm die Feder in eine Hand und den Kiesel in die andere. Lass beide aus gleicher Höhe fallen. Wer kommt zuerst unten an?

Das passiert ...

Im Vakuum würden der Stein und die Feder den Boden gleichzeitig treffen. Doch wie du gesehen hast, schlug der Stein zuerst auf. Warum? Grund ist der *Luftwiderstand*. Beide Dinge fallen durch die Luft und große Objekte (z. B. eine Feder) erzeugen mehr Luftwiderstand als kleine (z. B. ein Kieselstein), selbst wenn sie leichter als die kleinen sind. Darum fällt die Feder langsamer. Noch ein Grund: die *Endgeschwindigkeit*. Wenn der Luftwiderstand so stark ist wie die Schwerkraft, kann ein Objekt nicht mehr schneller werden – es hat seine Endgeschwindigkeit erreicht. Da die Feder größer ist als der Kieselstein, wird ihr Luftwiderstand rasch so groß wie die Schwerkraft; darum schwebt sie nach unten. Der kleinere Stein muss weiter fallen, ehe er so schnell ist, dass sein Luftwiderstand die Schwerkraft ausgleicht. Deshalb entfernt er sich rasch von der Feder und schlägt zuerst auf.

Schwer wie Luft

Zwei gleich große Ballons haben das gleiche Gewicht – außer einer ist mit Luft gefüllt, der andere nicht.

1 Bestimme mit einem Maßband die Mitte einer 1 m langen Holzleiste. Markiere sie.

2 Blase Zwei gleiche Ballons auf und befestige sie am Ende der Leiste.

3 Balanciere die Leiste auf einem Finger. Bitte einen Freund, langsam eine Nadel in einen Ballon zu stechen und sie dann langsam herauszuziehen. Der Ballon fällt allmählich zusammen, ohne zu platzen.

4 Die Leiste neigt sich in Richtung des heilen, aufgeblasenen Ballons. Also hat Luft tatsächlich ein Gewicht!

Wie gut ist dein Gleichgewichtssinn?

Es macht riesig Spaß, sich im Kreis zu drehen, bis man benebelt umfällt. Toller ist es noch, lange zu drehen oder einen Handstand zu machen! Wenn Augen, Ohren und Gehirn gut zusammenarbeiten, behältst du das Gleichgewicht!

Die Geheimwaffe der Ballerina

Sie kennt einen coolen Augentrick, der ihr hilft, während einer fünffachen Pirouette das Gleichgewicht zu bewahren: Sie starrt ein hohes, unbewegliches Objekt an und wendet diesem Objekt den Kopf und die Augen zu, solange es geht, während sie sich dreht. Dann schleudert sie den Kopf flink herum und konzentriert sich wieder auf das Objekt. Diese Methode verhindert, dass die Flüssigkeit im Innenohr herumschwappt und Schwindel auslöst.

Probiere es aus: Starre einen Baum an und reiß beim Wirbeln den Kopf herum. Wann wird dir schwindlig?

Benutze die Augen

Mache auf dem Rasen des Schulgeländes einen Handstand oder Kopfstand, schließe die Augen und zähle die Sekunden, bis du umkippst.

Mach die gleiche Übung nun mit geöffneten Augen und halte durch, bis deine Arme aufgeben. Deine offenen Augen sehen jetzt unbewegliche Objekte, z. B. den Horizont. Dein Gehirn nutzt diese Informationen, um die über 300 Muskeln richtig einzustellen, die dich aufrecht – oder im Kopfstand – halten. (Der Hand- oder Kopfstand gelingt dir nicht? Dann hebe ein Bein mit geschlossenen und dann geöffneten Augen hoch.)

Teste deine Reaktion

Beim Sport rast oft ein Gegner oder ein Ball auf dich zu. Dann brauchst du gute Reflexe, um zu reagieren. Teste deine Reaktionszeit mit diesem einfachen Spiel.

1 **Hebe einen Arm,** spreize Zeigefinger und Daumen 2,5 cm weit. Ein Freund schiebt das untere Ende eines Lineals zwischen deine Finger und lässt es los. Packe das Lineal!

2 **Das Lineal zeigt dir,** wo du es erwischt hast. Die besten Werte liegen so um die 15 cm. Warum? Betrachte das Bild rechts und du siehst, wie kompliziert die Reise von den Augen durch die Nerven zu den Fingern ist.

> Spreize den Daumen und den Zeigefinger 7,5 cm weit. Kannst du das Lineal packen? Nein! Du brauchst etwa 1/5 Sekunde, um auf ein Signal deiner Augen zu reagieren. Das Lineal braucht aber viel weniger Zeit!

Zuerst nehmen die Augen das Licht wahr, das vom Lineal reflektiert wird. Die Sehnerven leiten das Bild zum *Hinterhauptlappen* des Gehirns (zum Sehzentrum).

Der Hinterhauptlappen leitet es weiter an den *Stirnlappen*, der entscheidet, was deine Muskeln als Nächstes tun.

Der Stirnlappen gibt dem *Motorcortex* den Befehl „pack zu!", dieser schickt Impulse ans *Rückenmark*.

Die Rückenmarksnerven leiten den Befehl des Motorcortex weiter an die Arme, Hände und Finger. Nervenimpulse sind schnell, aber an den Nervenknoten und zwischen Nerven und Muskeln werden sie langsamer.

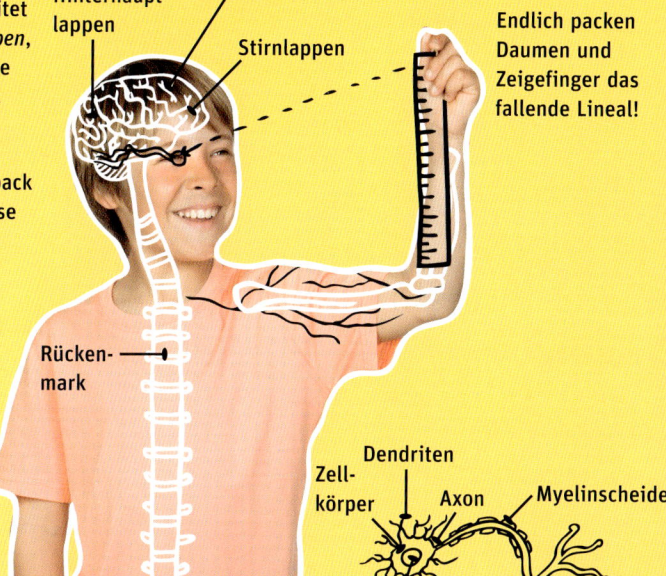

Menschliche Nervenzelle

Alles in deinen Händen

Die Hände gehören zu den Merkmalen des *Homo sapiens*. Dank ihrer superempfindlichen Nerven können wir mit ihnen einen Hund tätscheln oder ein Gehirn operieren. Dieses Experiment illustriert, wie Nerven miteinander sprechen.

1 **Nimm einen Tennisschläger und** reibe eine Hand über die Maschen. Natürlich spürst du die Saiten und Knoten.

2 **Lege jetzt die Handflächen** von beiden Seiten an die Saiten des Schlägers. Fühlt er sich jetzt seltsam samtig an? Die Ursache: Die Nervenzellen in den Händen sind verwirrt. Die Hände spüren sich, aber sie spüren gleichzeitig die Maschen. Das löst eine irre Kombination von Nerveimpulsen aus, die das Gehirn als „weich" deutet.

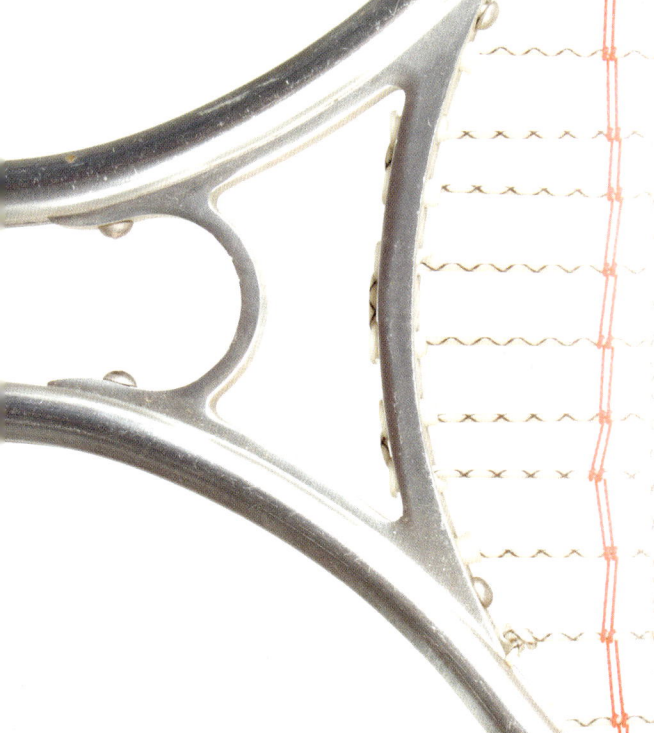

Fenster und Wetter

Wir müssen alle mal drinnen bleiben, besonders an Regentagen. Schaue intensiv aus dem Fenster und du wirst staunen, was da alles so passiert.

Lasse es in deinem Mund rauschen!

Bleibe bei stürmischem Wind im Haus und studiere die Regentropfen!

Fange einen Wirbel ein, um mehr über Wirbelstürme herauszufinden.

Beschwöre einen tobenden Sturm herauf ... so wie Klangkünstler beim Film.

Finde heraus, wie der Wind das Wetter beeinflusst. Baue einen rauschenden Windkanal und lasse Flugobjekte darin hochsteigen.

Kraack!

Die Sonne ist eine launische Reisende. Skizziere ihren Weg an der Wand.

Aus grell wird hell

Sonnenlicht prallt an nichtmetallischen Flächen ab und wird zu grellem Schein polarisiert. Mit Polarisationsfiltern aus dem Fachhandel kannst du dieses Licht filtern.

1 **Lege auf jedes Auge** einen Polarisationsfilter und drehe dich zum Fenster (schaue aber nicht direkt in die Sonne).

2 **Drehe beide Filter.** Wird die Szenerie trüb, dann hell? Wird der blasse Himmel tiefblau? Fotografen lieben polarisierte Linsen, weil sie die Farben verstärken und Reflexionen verringern.

3 **Suche eine ebene Fläche,** z. B. einen Gehweg, die grelles Licht reflektiert. Drehe die Filter, bis sie das grelle Licht blockieren. Du siehst den Beton immer noch – aber ohne den Lichtschwall. Angler tragen gern polarisierte Sonnenbrillen, um nicht geblendet zu werden.

4 **Lege die Filter** so aufeinander, dass sie senkrecht stehen und dunkel werden. Sie filtern horizontale und vertikale Lichtwellen heraus.

Phänomenal polarisiert

Mache dir ein fantastisches Buntglasfenster ohne Glas!

1 **Benutze die beiden** Polarisationsfilter von oben.

2 **Klebe Stückchen** aus halbtransparentem Klebestreifen (nur damit klappt der Trick) kreuz und quer auf beide Filter. Einige Streifen sollten sich überlappen oder Worte und Bilder formen. Lege die Filter dann mit den beklebten Seiten aufeinander.

3 **Halte die Filter** vor ein Fenster. Drehe sie in gegensätzliche Richtungen, bis herrliche Farben und geometrische Formen auftauchen und die Worte und Bilder kommen und gehen.

Das passiert ...

Polarisierung ist kompliziert. Sonnenlicht (mit allen Regenbogenfarben) dringt durch den ersten Polarisationsfilter, der nur Licht durchlässt, das senkrecht zu seinen Molekülen schwingt. Dann verdrehen die langen Moleküle des Klebebands auf beiden Filtern jede Lichtfarbe unterschiedlich stark. Die veränderten Wellen treffen auf den zweiten Filter. Nur Farben, die senkrecht zu seinen Molekülen schwingen, dringen durch! Wenn du die Filter drehst, siehst du ein kaleidoskopisches Farbspiel.

Verzerre Licht durch Wasser 🔍

Alle Linsen beugen Licht und vergrößern oder verkleinern, was wir sehen. Auch beispielsweise Eis, Wasser und ein Regentropfen sind perfekte Nahlinsen.

Stelle dich an einem stürmischen Tag an ein Fenster ohne Gitter im Erdgeschoss. Öffne es halb. Beuge dich hinaus und betrachte die Regentropfen an der Scheibe – sie sind nach außen gekrümmt (konvex) wie die Linse einer Lupe. Betrachte sie durch deine Lupe.

Ziehe Gummistiefel an und gehe hinaus. Schaue durch dieselben Tropfen: Vergrößern oder verkleinern sie die Dinge im Zimmer? Betrachte einen kleinen und einen großen Tropfen. Welcher ist die beste Lupe?

Regentropfenrennen

Regentropfen fließen nicht schnurgerade an einem Fenster hinunter. Sie stoppen, starten, drehen sich und wackeln. Sind sie verwirrt oder folgen sie einem Muster? Finde es mit einem Tropfenrennen heraus.

① *Gehe mit einem Kumpel* ins Freie. Jeder von euch sucht an einem Fenster den dicksten, am schnellsten aussehenden Tropfen am oberen Rand der Scheibe. Feuert eure Rennläufer an!

② *Wessen Tropfen erreicht* das Fensterbrett zuerst? Ist er hinabgeschlingert oder gerade gekullert? Und hat er unterwegs andere Tropfen verschlungen?

③ *Jetzt dürft ihr* eure Tropfen steuern. Sucht euch neue Läufer aus und stupst sie mit den Fingern an. Könnt ihr sie beschleunigen? Suchen sie sich nach der Berührung einen neuen Weg oder kehren sie einfach auf den alten zurück?

Das passiert …

Die Champion-Regentropfen verschlingen auf dem Weg nach unten die meisten anderen Tropfen. Wenn du einen Tropfen zu einem anderen lenkst, verschmelzen sie: Die Wassermoleküle haften aneinander und bilden einen einzigen dickeren, schwereren Tropfen. Wenn ein Tropfen irgendwo den Kurs ändert, bestimmt dieser Wechsel seinen restlichen Weg. Tropfen auf Glas verhalten sich ähnlich wie Flüsse, die sich um Hindernisse (z. B. Berge oder Felsen) herumschlängeln (*mäandern*) und schneller werden, wenn sie andere, kleinere Flüsse in sich aufnehmen.

Zeichne den Lauf der Sonne

Die Sonnenbahn am Himmel verändert sich mit der Jahreszeit. Verfolge unseren Stern ein ganzes Jahr lang. Du brauchst Geduld – wie jeder Wissenschaftler –, um ihre faszinierende Achterbahn zu beobachten.

① *Du musst die Sonne* jede Woche beobachten. Suche dir also einen bestimmten Tag und eine bestimmte Tageszeit aus. Zu dieser Zeit muss die Sonne durch ein Fenster fallen, das nach Süden geht.

② *Stelle einen kleinen Spiegel* so aufs Fensterbrett, dass er Sonnenstrahlen auf eine leere Wand lenkt. Klebe den Spiegel am Sims fest und sorge dafür, dass ihn ein Jahr lang niemand verschiebt – ja, ein ganzes Jahr!

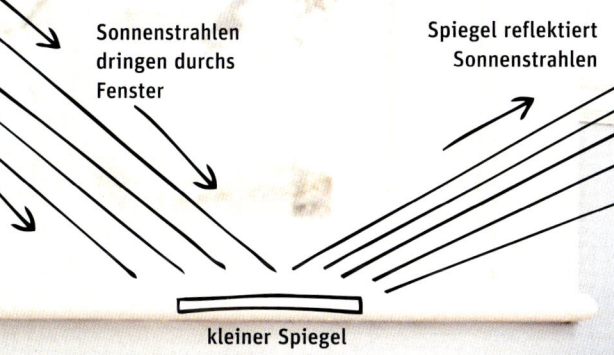

Sonnenstrahlen dringen durchs Fenster

Spiegel reflektiert Sonnenstrahlen

kleiner Spiegel

③ *Am ersten Tag befestigst* du eine Haftnotiz an der Stelle, wo die Sonnenstrahlen die Wand treffen. Danach bringst du jede Woche zur selben Zeit eine Haftnotiz mit dem Datum am Spiegelpunkt an. (Denke an die Sommerzeit: Wenn die Uhren um 1 Stunde vorgestellt werden, befestigst du die Haftnotiz dann 1 Stunde später.)

④ *Am Jahresende* studierst du die Figur deiner Zettel. Wenn dein Lehrer oder deine Eltern einverstanden sind, ziehst du die Figur leicht mit Bleistift nach. Siehst du eine 8? Dieses Analemma zeigt die wechselnden Positionen der Sonne. Es entsteht, weil die Erde schräg zur Sonne steht, während sie sie umkreist.

Sommer-sonnen-wende

7/1 6/1
8/1 5/1

9/1

Frühlingspunkt

4/1

Haftnotizen mit Datum

Herbstpunkt

3/1

10/1

Analemma-Linie (Bleistift)

2/1

11/1

1/1

12/1

Wintersonnenwende

Das passiert ...

Auf der Nordhalbkugel neigt der Nordpol sich im Sommer zur Sonne hin: Die Sonne steigt scheinbar im Nordosten hoch und folgt einem langen, hohen Pfad am Himmel. Im Winter duckt sich der Nordpol von der Sonne weg, und sie steigt im Südosten hoch und folgt einem kurzen, tiefen Kurs. Dazu kommt die *elliptische* (ovale) Umlaufbahn der Erde um die Sonne. Wenn die Erde sich der Sonne zuneigt, bewegt sie sich schneller. Wenn sie von der Sonne wegkippt, wird sie langsamer. Sie geht jeden Tag an einer anderen Stelle auf, darum ändert der Reflexionspunkt an deiner Wand seine Position.

Fang einen Wirbel ein

Hast du schon einmal einen Wirbelsturm gesehen? Fang diese kosmische Kraft mit zwei alten Limonadenflaschen ein, ohne dich in den Sturm zu wagen!

Wirbel gibt es überall in der Natur. Es gibt Wasserstrudel, Wasserhosen und sogar Schwarze Löcher. Wenn Luft, Wasser oder kosmische Materie sich drehen, zieht die *Zentripetalkraft* sie nach innen. Je schneller die Drehung ist, desto tiefer und stärker wird der zentrale Wirbel. Dieser einfache Versuch macht dich zum Herrn der Elemente!

Du brauchst:
2 Plastikflaschen (1 l)
Wasser
Lebensmittelfarbe
Isolierband

❶ **Fülle eine 1-Literflasche** mit einem steilen Flaschenhals zu zwei Dritteln mit Wasser und träufle mehrere Tropfen Lebensmittelfarbe hinein.

❷ **Stelle eine andere 1-Literflasche** auf die gefüllte Flasche. Verbinde die Flaschenhälse gut mit Isolierband. Ein bisschen Wasser tropft heraus, aber die Oberflächenspannung (das bedeutet: die Wassermoleküle haften aneinander) hemmt den Durchfluss.

❸ **Drehe die Flaschen um,** sodass die gefüllte sich oben befindet, und drehe sie mehrere Male schnell. Wenn das Wasser in die leere Flasche schießt, bildet sich ein Wirbel, weil die erhöhte Schwerkraft, die die Zentripetalkraft in der Mitte des Wirbels erzeugt, das Wasser dort heftig nach unten zieht.

Meeresrauschen im Mund

Brausepulver verwandelt deinen Mund in einen gurgelnden Schlund.

1 Wenn du das nächste Mal Brausepulver isst, achte darauf, was in deinem Mund passiert!

2 Das Pulver prickelt und braust, sobald es deinen Speichel berührt.

3 Was passiert, wenn du viel oder wenig Spucke im Mund hast? Teste, ob Brausedrops einen anderen Effekt auslösen.

4 Löse das Pulver jetzt in Mineralwasser auf und warte ab. Ein wilder Strudel entsteht!

Das passiert ...

Trockene Brause besteht aus Säure und Natriumhydrogencarbonat. Kommt sie mit Wasser in Kontakt, entsteht Kohlendioxid, das für das Sprudeln sorgt. Da Speichel zu 99 % aus Wasser besteht, prickelt Brause auch im Mund, am schnellsten geht das mit viel Speichel. Mineralwasser enthält auch Kohlendioxid, deshalb blubbert Brause dort am schönsten. Der Effekt braucht bei Brausestäbchen länger: Das Pulver kommt langsamer mit dem Wasser in Kontakt.

Imitiere Geräusche

Manche Toneffekte beim Film sind Geräuschemachern zu verdanken, die mit Alltags-Dingen tolle Töne erzeugen.

- ☐ Schüttle ein Metallblech = Donner
- ☐ Quietsche mit dem Werkzeuggürtel = Äste knarren im Wind
- ☐ Schüttle getrocknete Erbsen in einer Kiste = strömender Regen
- ☐ Quetsche eine Schachtel Maisstärke = Schritte im Tiefschnee
- ☐ Lass Katzenstreu langsam auf Packpapier fallen = Erdrutsch
- ☐ Bewegte Plastiktüten = Regen
- ☐ Drehe ein Fahrrad um und halte einen Seidenschal an den Reifen = pfeifender Wind

---

Wolken gibt es in allen Formen, die du dir (nicht) vorstellen kannst →

Natur trifft Kunst: Berndnaut Smilde

Diese Wolken bilden sich im Haus, aber nur für 1 Sekunde. Der Künstler prüft, ob der Raum die ideale Temperatur und Feuchtigkeit für die Wolkenbildung hat und pustet mit einer Nebelmaschine eine Wolke in den Raum. Er knipst ein Foto, und die Wolke verschwindet. Dieses Kunstwerk ist so kurzlebig wie echte Wolken. Smildes Kunst ist geisterhaft und schräg, weil niemand im Haus mit Wolken rechnet. Kannst du auch das wilde Wetter ins Haus bringen?

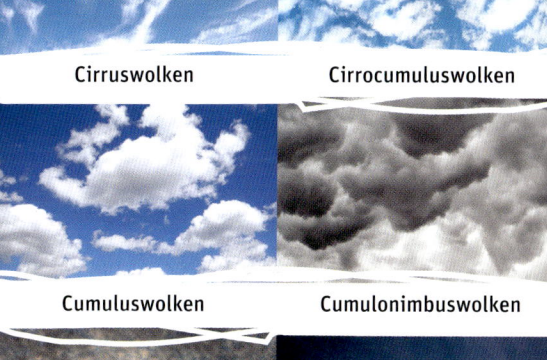

Cirruswolken   Cirrocumuluswolken

Cumuluswolken   Cumulonimbuswolken

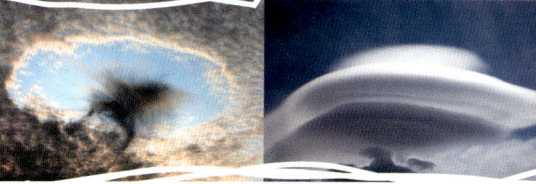

Wolkenloch   linsenförmige Wolke

Brise oder Orkan?

Hat der Regen aufgehört? Gehe nach draußen und miss mit einem selbstgemachten Windmesser die Windstärke.

① **Stanze mit dem Locher** in gleichmäßigen Abständen 4 Löcher in einen Becher, jeweils 6,5 mm unter dem Rand. Bohre mit einem Bleistift ein weiteres Loch in die Mitte des Bodens. Steck die Trinkhalme durch die Löcher am Rand und befestige sie an dem Kreuzpunkt mit Klebeband.

② **Stanze in einen anderen** Becher in die Mitte zwischen dem Rand und dem Boden ein Loch. Halte den Becher waagrecht und stecke das freie Ende eines Halms ins Loch, bis er innen die andere Wand berührt. Wiederhole das mit den anderen 3 Bechern (Öffnungen an gleicher Stelle).

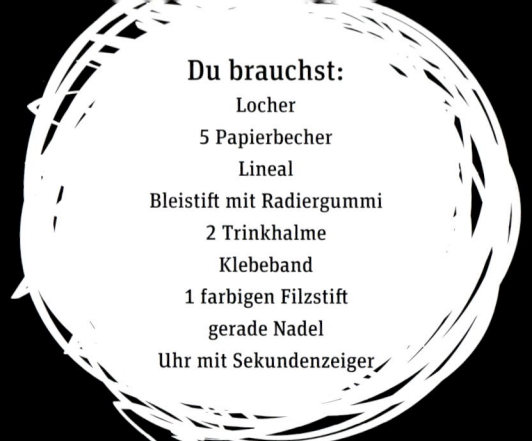

Du brauchst:
Locher
5 Papierbecher
Lineal
Bleistift mit Radiergummi
2 Trinkhalme
Klebeband
1 farbigen Filzstift
gerade Nadel
Uhr mit Sekundenzeiger

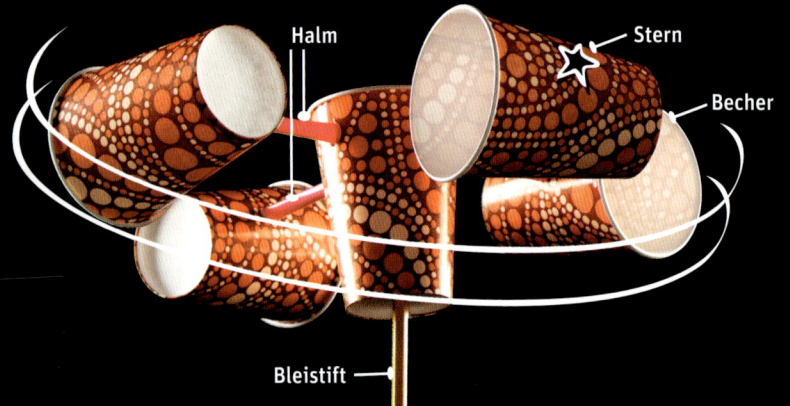

Halm
Stern
Becher
Bleistift

③ **Zeichne** einen Stern auf einen der waagrechten Becher. Den Bleistift steckst du in den Boden des mittleren, horizontalen Bechers, sodass die Spitze unten herausschaut und der Radiergummi den Stift im Becher befestigt. Steche dann mit der Nadel durch den Kreuzpunkt der Trinkhalme in den Radiergummi. Der Becher muss sich frei auf dem Bleistift drehen können.

④ **Stecke den Windmesser** in die Erde und setze dich vor den Becher mit dem Stern. Wenn der Wind weht, schaust du auf die Uhr und zählst, wie oft der Stern in einer Minute vorbeihuscht. Wenn du ihn in einer Minute 10-mal siehst, beträgt die Windgeschwindigkeit ungefäht 16 Kilometer in der Stunde.

Wohin weht der Wind?

Meteorologen bestimmen die Windrichtung mit Hightech-Geräten. Du schaffst das mit einem Finger.

① **Beobachte mittags,** ob sich Blätter und Grashalme im Wind bewegen. Bestimme ihre Richtung mit einem Kompass und notiere sie. Befeuchte einen Finger und halte ihn hoch. Eine Seite fühlt sich kühl an: Es ist die dem Wind zugewandte Seite. Stimmt sie mit dem Kompass überein?

② **Kehre am frühen Abend** an dieselbe Stelle zurück. Hat der Wind die Richtung geändert? Wenn du an der Küste lebst: wahrscheinlich. Eine kühle Brise weht tagsüber vom Meer ans Land, weil vom Land warme Luft aufsteigt und kühle Meeresluft sich unter sie schiebt. Nachts ist es umgekehrt: Warmluft über dem Meer wird von der kühlen Luft über dem Land verdrängt.

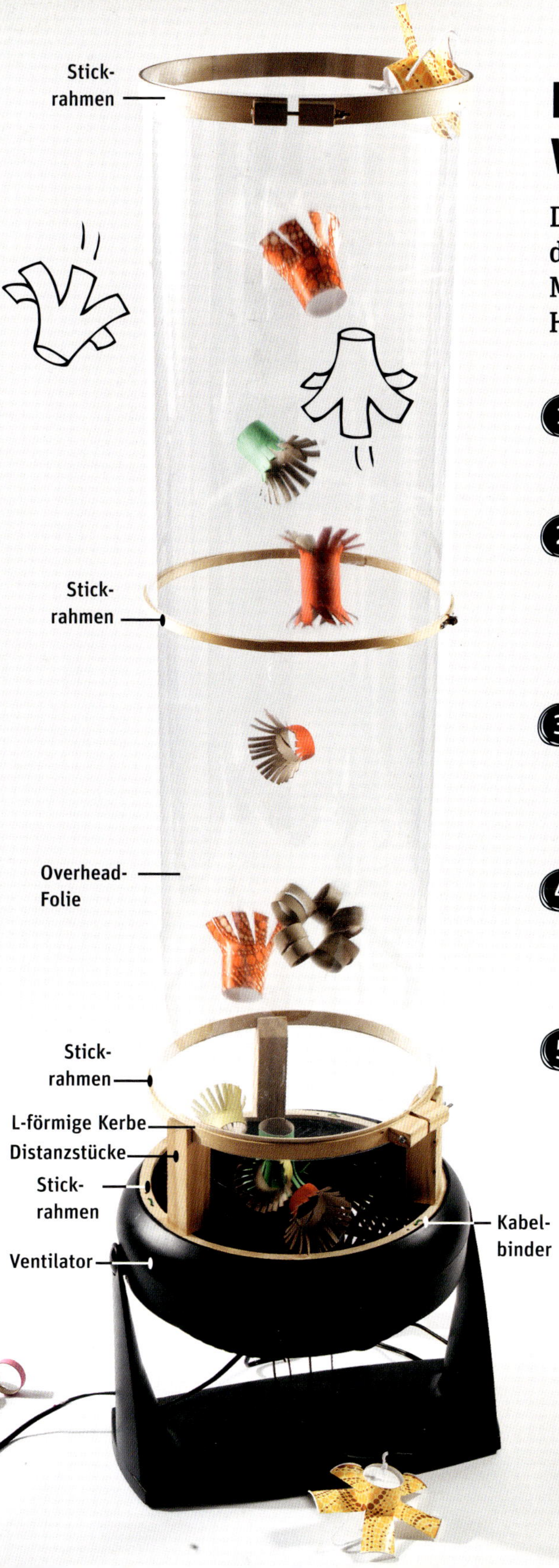

Stick-
rahmen

Stick-
rahmen

Overhead-
Folie

Stick-
rahmen

L-förmige Kerbe

Distanzstücke

Stick-
rahmen

Ventilator

Kabel-
binder

Bastele einen Windkanal

Dieser selbstgemachte Windkanal verrät dir wie die Windkanäle der Techniker eine Menge über den Wind, sogar wenn du im Haus bleiben musst.

1 Lege einen Stickrahmen auf den Ventilator und befestige ihn gut mit Kabelbindern.

2 Stelle die Distanzstücke auf den Rand des unteren Stickrahmens und lege einen zweiten Rahmen darauf. Säge mit einem Erwachsenen eine Kerbe in jedes Distanzstück (Stelle markieren!). So befestigst du später den zweiten Stickrahmen. Fixiere die Holzstücke dann mit Holzleim am unteren Stickrahmen.

3 Rolle die Overhead-Folie zu einem Zylinder und stecke die 3 Stickrahmen auf die Röhre (unten, Mitte, oben). Ziehe alle Schrauben der Rahmen an und klebe die Kanten der Folie mit durchsichtigem Klebeband zusammen.

4 Stelle den Zylinder auf die Distanzstücke und drücke den unteren Stickrahmen in die ausgesägten Kerben.

5 Jetzt sind die Flieger dran! Schneide Pappbecher zu Rotorblättern, klebe Papiertuchstückchen an Stifte oder schneide Pappröhren zu Spiralen. Schalte den Ventilator ein, drehe ihn voll auf und lasse deine Flieger in die Röhre fallen. Welcher stürzt ab? Welche Formen fliegen am besten?

Du brauchst:
Ventilator mit 46 cm Durchmesser mit kippbarem Kopf

4 hölzerne Stickrahmen mit 36 cm Durchmesser

3 Kabelbinder (18 cm lang)

3 hölzerne Distanzstücke (18 cm lang) Säge und einen Erwachsenen, der damit sägt

Holzleim

dünne, 122 x 122 cm große Overhead-Folie

durchsichtiges Klebeband

Schere
Pappbecher, Pappröhren, Papiertuch, Pfeifenreiniger und andere Flugobjekte

Auf der wilden Blumenwiese

#08

Hier müsste mal gemäht werden. Und es gibt keine Schaukeln oder Fußballtore. Aber man kann hier wunderbar Fangen spielen und auf kleine Forschungstrips gehen.

Nanu! Wie kommen diese fliegenden Dinger in meine Augen?

Hier gibt es massenhaft Käfer! Beschreibe sie in einem Notizbuch.

Blumen führen ein geheimes Leben. Seziere sie, um mehr über sie zu erfahren.

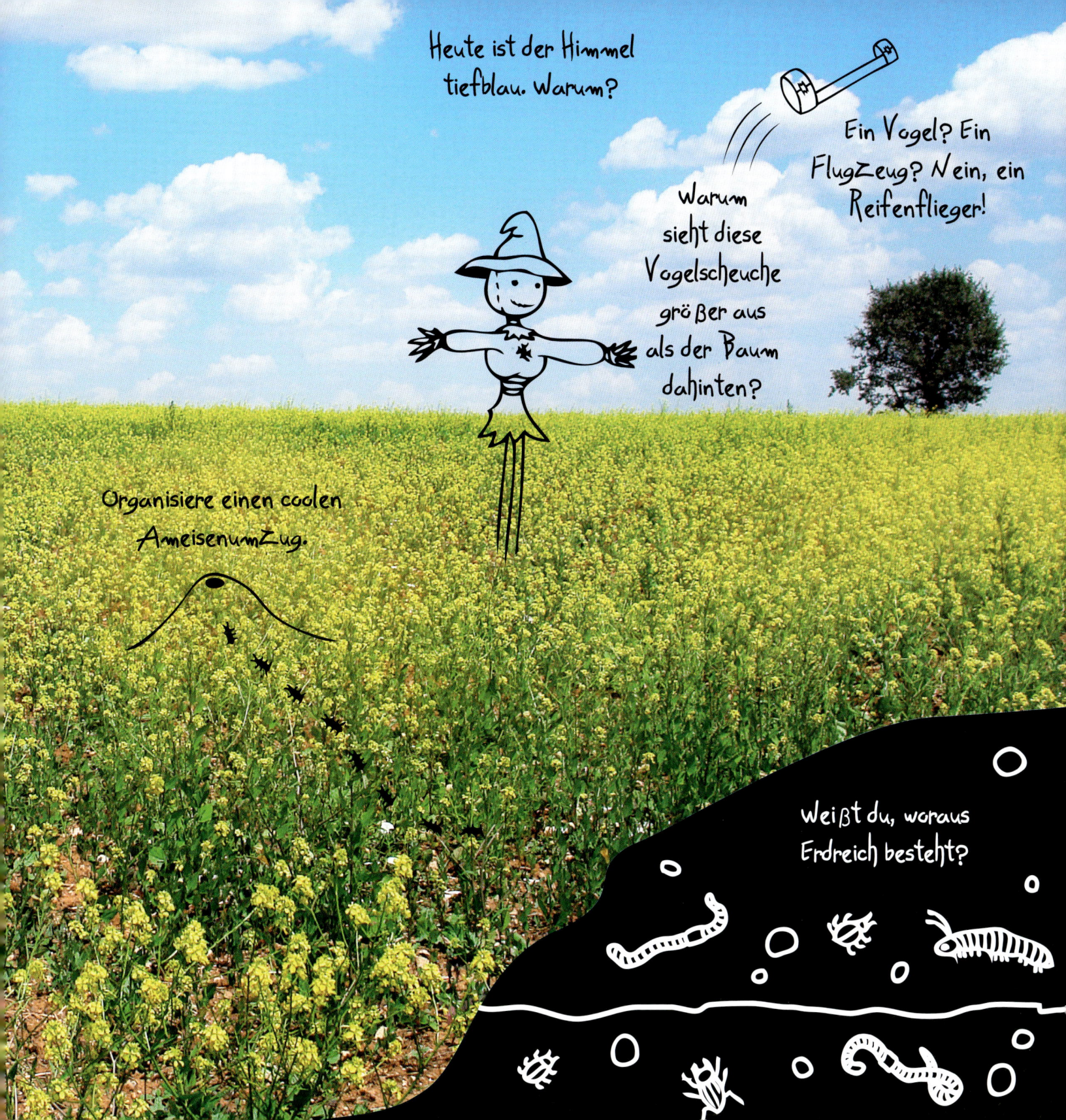

Zerrupfe eine Tulpe

Zeige der Natur deine Krallen: Zerlege das Innere einer Blüte, um herauszufinden, was die hübschen Blütenblätter verbergen.

① *Zuerst studierst* du die ganze Blüte mit einer Lupe. Schüttle sie über schwarzem Papier aus und betrachte ein Pollenkorn.

② *Reiße alle Blätter und Blütenblätter ab* und verteile sie auf dem Papier. Spiele Detektiv mit den Blütenblättern; studiere sie mit der Lupe. Siehst du gesprenkelte Blütenmale? Das sind Zeichen, die rufen: „He, kommt her!", um Bestäuber anzulocken.

Narbe

Staubbeutel

Faszinierender Boden 🔍

Es gibt viele Bodenarten. Manche sind sandig, andere schlammig, einige lehmig. Finde heraus, was unter deinen Füßen ist!

Okay, an die Arbeit, es wird schmutzig! Schiebe auf einem leeren Grundstück oder im Garten eine große Handvoll Erde zusammen und quetsche sie so kräftig wie möglich. Wenn sie sofort zerbröselt, ist es sandiger Boden. Wenn sie zusammenklebt, ist es Lehmboden. Wenn sie langsam auseinander fällt, handelt es sich wohl um eine Mischung aus Sand, Lehm und Schlamm.

Für Pflanzen ist eine Mischung am besten! Sand hilft, überschüssiges Wasser zu beseitigen, Schlamm enthält leckere Mineralien und Lehm speichert Wasser und die organischen Substanzen, die Pflanzen glücklich machen. Siehst du gesunde Pflanzen auf deinem Feld?

③ Zupfe einen Staubbeutel, dann eine Narbe ab und zerquetsche sie. Kleben Pollen an deinen Fingern? Ist die Narbe klebrig? Insekten nehmen Pollen von den Staubbeuteln mit und tragen sie zu klebrigen Blütennarben. So entstehen Babytulpen!

Staubbeutel

④ Schneide den Stängel mit einem Taschenmesser der Länge nach in Streifen. Ist er innen feucht oder trocken? Siehst du Linien oder Hohlräume? Weißt du, wie Wasser im Stängel nach oben fließt?

Natur trifft Kunst: Kathy Klein

Klein macht aus Blütenblättern Muster, Mandalas genannt, und überlässt sie glücklichen Findern. Auch du kannst Kunstwerke machen, wenn du Blütenblätter zu Kreisen, Sternen oder abstrakten Mustern anordnest. Wie wär's mit Mustern aus Steinen, Blättern, Stöcken, Sand oder anderem Material?

① Um den Typ deines Bodens zu bestimmen, mixt du zu Hause eine Bodentinktur! Fülle ein Literglas zu knapp zwei Dritteln mit Wasser, schütte einen Teelöffel Wasserenthärter für die Waschmaschine hinein und fülle deine Bodenprobe hinein. Verschließe das Glas und schüttle heftig. Stelle es ab. Nach einer Woche siehst du mehrere Schichten.

② Ziehe mit einem wischfesten Stift Linien auf dem Glas, um die Schichten zu markieren. Welche ist am dicksten? Diese Schicht verrät, zu welchem Haupttyp der Boden gehört.

Die oberste Schicht besteht wahrscheinlich aus Lehm. Er fällt zuletzt aus der Mixtur. (Grobe Teilchen, die über der Lehmschicht schweben, sind nur verrottetes Gras und Blätter.)

Mehlige Schlammteilchen sinken vor dem Lehm. Sie sind nur etwa 0,002–0,05 mm groß.

Das hier ist Sand. Er sinkt zuerst auf den Boden, weil er aus 0,05–2 mm großen Teilchen besteht.

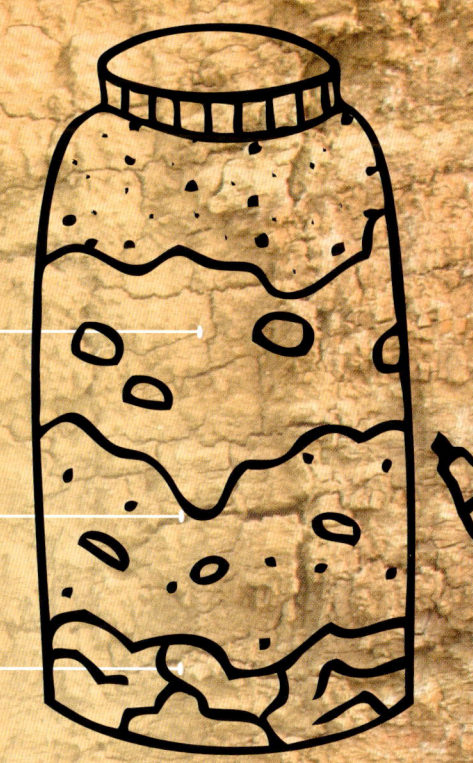

Loopings mit Flugreifen

Die meisten Papierflugzeuge ähneln den echten Himmelsflitzern, die du jeden Tag siehst, nur dass sie flachgedrückt sind. Mache dir einen runden Flieger, der viel besser ist!

Du brauchst:
Schere
Lineal
Karteikarte (7,5 x 12,5 cm groß)
durchsichtiges Klebeband
Plastikhalme (nicht die biegsamen)

1 **Schneide eine Karteikarte** der Länge nach in 3 gleiche Streifen, jeder 2,5 cm breit und 12,5 cm lang.

2 **Biege einen Streifen** zu einem kleinen Ring und klebe die Enden zusammen.

3 **Klebe den anderen Streifen** an den Enden zu einem langen Streifen zusammen und mache daraus einen großen Ring.

4 **Befestige den Halm** innen mit einem Stück Klebstreifen am großen Ring.

5 **Befestige den Halm** innen mit einem Stück Klebestreifen am kleinen Ring.

6 **Der Spaß beginnt!** Halte den Flieger in der Mitte des Halms so, dass der kleine Ring sich vorn befindet. Wirf ihn wie ein Papierflugzeug. Du brauchst etwas Übung, aber sobald du den Bogen raus hast, fliegt das Ding wie geschmiert!

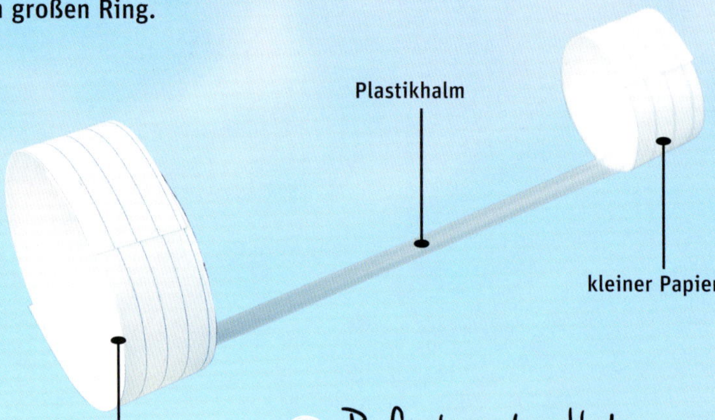

Plastikhalm

kleiner Papierring

großer Papierring

Variante mit zwei Trinkhalmen

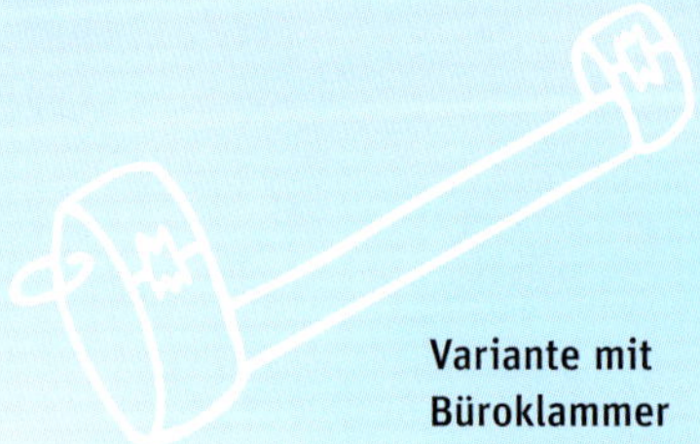

Befestige eine Büroklammer an einem Ring. Wie fliegt der Apparat mit Fracht? Oder nimm zwei Halme für einen langen Flieger oder für ein Modell mit jeweils 2 Ringen an den Enden.

Variante mit Büroklammer

Komische Flecken am Himmel

Stelle dir vor: In deinen Augen schweben winzige Abfallteilchen.

Entspanne dich! Lege dich hin und betrachte den Himmel oder die Wolken (nicht die Sonne!). Nach einer Weile siehst du winzige Formen in der Luft: helle, durchsichtige Kreise oder Fäden.

Das sind kleine *Glaskörperflocken*, die in der Flüssigkeit in der Nähe der Netzhaut treiben, also in der Schicht aus lichtempfindlichen Zellen hinten am Augapfel. Wenn du liegst, sinken diese Flocken auf die Netzhaut und lassen sich manchmal in der *Sehgrube* nieder, dem Teil des Auges, der am schärfsten sieht.

Wie kommen diese Müllteilchen in dein Auge? Es sind Überbleibsel von Geweben und Zellen, die vor deiner Geburt Teil des Auges waren. Schließe ein Auge, dann das andere – siehst du sie immer noch?

Ein Himmel in der Kiste

Der Himmel ist eigentlich nicht blau – die Atmosphäre täuscht die Augen. Diese Himmelskiste verrät dir, wie der Trick funktioniert!

1 Fülle ein durchsichtiges Kunststoffgefäß mit Wasser.

2 Lege eine Taschenlampe so hin, dass sie durch den Behälter scheint.

3 Streue ein wenig Milchpulver ins Wasser, eine Prise nach der anderen, und rühre um, bis du den Lichtstrahl im Wasser sehen kannst.

4 Betrachte den Strahl durch die Seite des Gefäßes – er ist bläulichweiß wie der Himmel!

Das passiert ...

Das Sonnenlicht sieht zwar weiß aus, aber es besteht aus allen Farben des Regenbogens: Rot, Orange, Gelb, Grün, Blau, Indigo und Violett. Jede Farbe ist eine Energiewelle mit einer eigenen Wellenlänge. Rotes Licht an dem einen Ende des Spektrums besteht aus langen, gemächlichen Wellen, violettes Licht am anderen Ende des Spektrums breitet sich in kurzen, abgehackten Wellen aus. Jeder Lichttyp, unabhängig von der Wellenlänge, prallt auf seinem Weg durch die Erdatmosphäre mit Gasmolekülen zusammen, die ihn zerstreuen. Da die Luftmoleküle so winzig sind, zerstreuen sie kurzwelliges Licht besonders gut. Weil blaues Licht eine sehr kurze Wellenlänge hat, wird es über den ganzen Himmel zerstreut. Und darum ist der Himmel also blau.

Entfernungs- und Größenillusionen

Weit entfernte Menschen und Tiere sehen wie kleine Käfer aus, obwohl dein schlaues Gehirn weiß, dass sie nicht winzig sind. Dieses kleine Kuhrätsel erklärt, wie das Gehirn sich auf weit entfernte Dinge einen Reim macht.

1 **Betrachte dieses Foto** mit 3 Kühen. Welche ist am größten, welche am kleinsten?

2 **Wahrscheinlich hast du geschätzt,** dass zwei Kühe – die Kuh links und die Kuh ganz rechts – etwa gleich groß sind. Dein Gehirn „sieht" die Kuh rechts so, wie es alle Dinge im Hintergrund sieht: als fernes Objekt. Und es vergrößert dieses Bild unbewusst, um die Entfernung auszugleichen.

3 **Vielleicht hast du auch gedacht,** die Kuh ganz vorn sei die kleinste. Falsch! Nimm ein Lineal und vergleiche ihre Proportionen mit denen der Kuh ganz rechts – beide sind gleich groß!

Die Erklärung?

Wenn die Augen ein Objekt im Vordergrund sehen, nimmt das Gehirn an, dass es nah ist – in diesem Fall, dass die kleine Kuh vorn die richtige Größe hat. Deshalb glaubst du irrtümlich, sie und die Kuh im Hintergrund seien unterschiedlich groß. Draußen irrt sich das Gehirn selten. Menschen, die meistens an sehr überfüllten Orten leben – beispielsweise in einer Großstadt –, können eine ähnliche optische Täuschung erleiden: Sie halten weit entfernte Dinge für winzig, weil sie Entfernungen nicht gewöhnt sind.

Warum Ameisen marschieren

Lege dich ins Gras und erforsche die Welt der Krabbeltiere. Du siehst Fliegen, Spinnen, Käfer und marschierende Ameisen. Ein einfacher Test enthüllt, warum diese Tierchen so diszipliniert sind.

1 **Suche eine ebene Fläche mit Ameisen darauf.** Träufle etwas Honig in die Mitte und warte. Bald kommt eine Ameise, nascht und geht weg. Mit der Zeit entsteht eine Ameisenautobahn vom Honig zum Nest. Jede Ameise gibt den anderen Signale. Sie markiert den Weg mit Duftstoffen (Pheromonen).

2 **Ändere ihren Duftpfad** und schau, wie sie reagieren. Streue zuerst etwas Erde darauf. Sind die Ameisen verwirrt? Wie lange brauchen sie, um den Honig wiederzufinden? Lege einen Stein auf den Weg. Finden diese entschlossenen Tiere einen Weg um ihn herum? Marschieren die Ameisen einfach weiter, wenn du den Pfad mit der Hand verwischt hast?

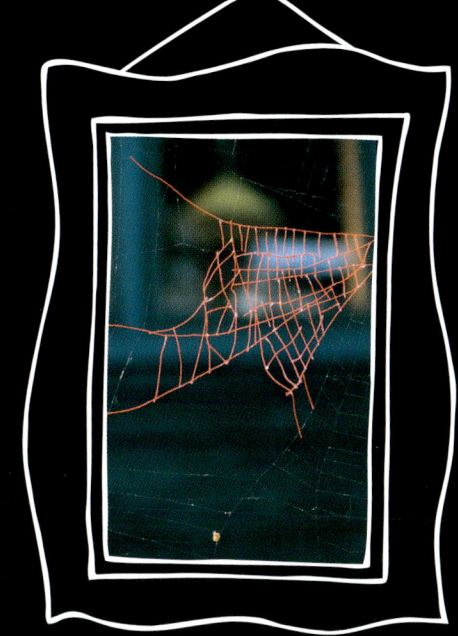

Natur trifft Kunst: Nina Katchadourian

Als diese verspielte Künstlerin zu Hause zerrissene Spinnweben entdeckte, „fixierte" sie sie mit rotem Zwirn und wob hübsche Muster zwischen die Spinnenfäden. Aber die Spinnen schnitten ihr Werk jede Nacht heraus, warfen es weg und ersetzten es durch ihre eigene Seide (scharfe Kritiker!). Warum macht Nina das? Sie will uns dazu bringen, die Natur und unser Verhältnis zu ihr wahrzunehmen. Wenn du durch deine Stadt gehst und Tiere und Pflanzen beobachtest, kannst du ähnliche Experimente machen Nina repariert auch beschädigte Pilze mit Fahrradgummi und blattlose Zweige mit Insektenflügeln. Nimm eine Kamera mit (das macht Nina immer) und mache dauerhafte Fotos dieser sehr flüchtigen Naturkunst.

Führe ein Insektenbuch

Viele Insekten leben im Gras. Sie werden dort geboren, suchen Futter, pflanzen sich fort und sterben. Es ist leicht, ihre geheime Welt auszuspionieren.

Verwende ein Notizbuch als Insektenbuch. Außerdem brauchst du ein Glasgefäß, die Lupe aus diesem Buch, Kamera und Bleistift. Grabe in feuchter Erde, drehe Steine um und stochere vorsichtig in Grasstreifen zwischen Gehwegen und Straßen. An solchen Orten gedeihen Insekten. Befördere ein Insekt sanft ins Glas und zeichne oder fotografiere es. Notiere dir den **Fundort** und womit das Tier beschäftigt war.

Wie sieht das Insekt aus?	Wo gefunden?	Was hat es getan?	Was ist es wohl für ein Insekt?
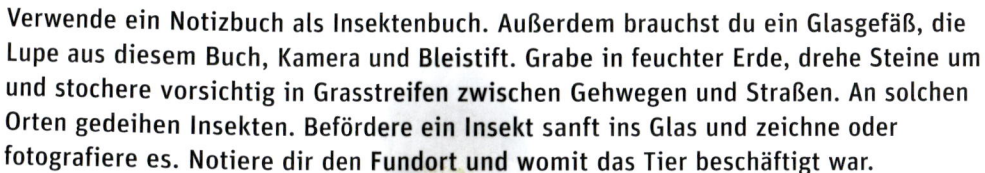	auf einem toten Baumstamm, Kreisstr. 5	Seine Beine geputzt	Libelle

Kreuz und quer durch die Stadt

Wenn du dich im Getümmel der Stadt versteckst, lernst du eine Menge über Geschwindigkeit, Wahrnehmung, Strukturen: alles in atemberaubendem Tempo.

Tatü! Tataaaa!

Kommt das Feuerwehrauto näher oder entfernt es sich? Der Dopplereffekt erklärt es.

Ein Vogel im Stadtzentrum hat es schwer. Architekten helfen ihm, Kollisionen zu vermeiden.

Die Drehscheibe auf der folgenden Seite ist ein Phenakistoskop.

Der städtische Trubel

Die Bewegung und die Energie der Innenstadt können die Augen foppen. Das gelingt auch diesem pfiffigen, aber einfachen Apparat: dem Phenakistoskop. Löse es von der gegenüberliegenden Seite und spiele damit!

Ein Phenakistoskop ist ein altertümliches Filmvorführgerät. Es besteht aus einer Drehscheibe mit Schlitzen in gleichen Abständen und einer Serie von leicht unterschiedlichen Bildern, die den Augen eine Filmszene vortäuschen.

❶ Stecke einen Reißnagel durch die Mitte der Scheibe und in die Seite eines Bleistiftradiergummis (siehe Bild unten). Stelle dich vor einen Spiegel und halte den Bleistift so, dass du die Bilder im Spiegel siehst. Schließe ein Auge und schaue mit dem anderen durch einen der Schlitze.

❷ Drehe die Scheibe rasch mit der freien Hand und schaue zu, wie die Blätter im imaginären Wind des Rades flattern. Gehe etwas nach vorn oder hinten, bis du den Film siehst. Die Augen und das Gehirn speichern jedes Bild auf der Scheibe $1/30$ Sekunde lang und erzeugen aus allen Bildern die Illusion einer Bewegung. Das ist der Phi-Effekt – er erweckt auch die flimmernden Bilder auf einer Filmleinwand vor deinen leicht zu täuschenden Augen zum Leben.

❸ Drehe die Scheibe um und zeichne mit einem Folienstift ein Bild auf jedes der 10 Blätter. Die Bilder – ein Schnellzug, eine Hand, die Jojo spielt (wie hier) oder was dir gefällt – sollten in natürlicher Folge eine Szene darstellen. Stecke die Scheibe an den Bleistiftgummi, drehe sie vor dem Spiegel und schaue deinen „Film" an!

Warum gibt es keine Hochhäuser mit 1000 Stockwerken? Bau dir eines und finde es heraus.

Ein vorbeirasendes orangefarbenes Auto sieht aus wie ein Tiger, Zumindest in deinem peripheren Sehfeld.

Naschen trifft Kunst: Liz Hickok

Diese schimmernde Stadtszene besteht nicht aus Perlen oder Glas. Hickok macht ihre unglaublich detaillierten Silhouetten aus … Wackelpudding. Jawohl! Die bunte Nachspeise eignet sich vorzüglich für Skulpturen, nicht nur, weil sie schön aussieht, wenn man sie beleuchtet, sondern auch, weil sie uns klarmacht, dass scheinbar große, dauerhafte Städte in Wahrheit wandelbar, manchmal wackelig sind und immer Staunen erregen. Dieses maßstabsgetreue Modell des Palasts der schönen Künste in San Francisco deutet sowohl die Erdbeben an, die diese Stadt heimsuchen, als auch die farbenfrohe Munterkeit ihrer Bewohner. Schau dich in deiner Stadt um: Mit welchem Material würdest du sie darstellen?

Baue eine winzige Skyline

Besuche alle hohen Gebäude in deiner Stadt. Wie können sie so hoch sein und dabei so viel Gewicht tragen? Baue zu Hause einen so hohen frei stehenden Turm wie möglich – spiele dann Godzilla und zermalme ihn.

1 Bedecke den Tisch mit Zeitungspapier und lege 250 g Modellierton in die Mitte.

2 Baue einen Wolkenkratzer aus verschiedenen Elementen: Blöcken, ausgerollten Pfeilern, flachgedrückten Fußböden und so weiter.

3 Wenn das Bauwerk sich krümmt und umkippt, notiere die Ursache des Problems. Ist der Turm von oben her umgefallen? Oder ist zuerst die Mitte nach innen zusammengesackt?

Durchsichtig *und* spiegelnd

Beim Schaufensterbummel siehst du Dinge und Menschen durch die Fenster, aber du kannst auch dein eigenes Spiegelbild bewundern. Warum *beides*?

Glas ist durchsichtig, weil es den größten Teil des sichtbaren Lichts nicht absorbiert. Die Elektronen seiner Moleküle können wenig Energie aufnehmen, wenn Photonen (Lichtenergie-Pakete) mit ihnen zusammenprallen. Die meisten Photonen sausen durch Glasmoleküle hindurch, werden von Gegenständen im Geschäft reflektiert und kehren in deine Augen zurück. Aber Glas ist ein irres Material. Es spiegelt auch, weil manche Moleküle an seiner Oberfläche eben doch eine klitzekleine Menge Licht zurückwerfen (darum fummeln viele Leute vor Schaufestern an ihrem Haar herum).

Diese Doppelnatur des Glases ist gut für uns, aber schlecht für Vögel. Weißt du, warum so viele tote Vögel vor Hochhäusern liegen? Vögel sehen Glas in der Nacht als Spiegel und tagsüber als durchsichtig. Aber schlaue Bauingenieure helfen ihnen. Sie ätzen Muster ins Glas, überziehen es mit einer schmückenden Schicht oder bauen Glas ein, das UV-Licht reflektiert (Vögel können es sehen, wir sehen es nicht). Dann drehen die Vögel rechtzeitig ab.

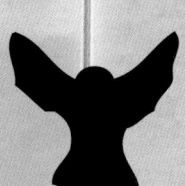

(4) **Nimm weitere** 250 g Ton. Gelingt dir jetzt ein höherer Turm? Wenn dein neuer Turm umstürzt, probiere eine andere Form, z. B. eine schlanke Turmspitze, eine zugespitzte oder gestufte Pyramide oder einen stützenden Bogengang. Warum sind manche Formen besser als andere?

Das passiert …
Große Fundamente und winzige Spitzen sind typisch für die höchsten Wolkenkratzer. Sie sind also unten breit und oben schmal. Wenn dein Bauwerk anders aussieht, fällt es wahrscheinlich um. Die Stockwerke in Bodennähe müssen breit und stark sein, damit sie die Last der oberen Etagen tragen können. Letztere können schmal und klein sein. Das ganze Gebäude muss symmetrisch sein, sodass das Gewicht gleichmäßig verteilt ist. Vermutlich hast du herausgefunden, dass du mit der doppelten Tonmenge keinen doppelt so hohen Turm bauen kannst. Um das zusätzliche Gewicht abzustützen, brauchst du viel mehr Ton und ein sehr breites Fundament. Das ist eines von vielen Problemen, die Architekten jeden Tag lösen müssen.

Tatü!! Hup! Hup!

Heulende Sirenen

Halte dir nicht die Ohren zu, wenn wieder einmal ein Feuerwehrauto vorbeirast. Der schrille Ton ist spannend!

1 Lege eine Hand hinters Ohr, wenn das Auto sich nähert. Schall – die Energie, die entsteht, wenn Luftmoleküle zusammenprallen – wird in Wellenlängen gemessen. Solange das Auto auf dich zufährt, werden die Wellenlängen der Sirene zusammengedrückt; darum klingt sie lauter und höher. Das nennt man den *Dopplereffekt*.

2 Wenn das Auto vorbeifährt, lässt du die Hand sinken. Eine Sekunde lang hört die Sirene sich „richtig" an: Der Ton hat die Stärke und Höhe, die der Hersteller eingebaut hat.

3 Wechsle das Ohr, sobald das Auto vorbeigerast ist. Die Sirene entfernt sich, ihre Wellenlängen dehnen sich und der Ton wird tiefer. Trotzdem erzeugt die Sirene immer den gleichen Ton. Was hat sich geändert? Sie entfernt sich von dir!

Teste deine Augen

Fahrzeuge, die an dir vorbeibrausen, siehst du aus dem Augenwinkel besser als jene, die vor einer roten Ampel halten. Ein schönes Beispiel dafür, wie peripheres Sehen hilft, im Großstadtdschungel zu überleben.

1 Halte ein buntes Objekt, z.B. einen gelben Tennisball, in der ausgestreckten Hand. Schaue geradeaus. Bewege den Ball langsam seitwärts, aber starre weiter geradeaus. Stoppe, wenn du den Ball am Rand deines Sehfeldes nicht mehr siehst.

2 Du starrst immer noch geradeaus und hältst den Ball. Bewege ihn ein wenig auf und ab. Plötzlich siehst du ihn wieder, obwohl du den Kopf und die Augen nicht bewegt hast.

3 Sieht der Ball noch gelb aus, wenn er sich bewegt? Kannst du noch Details erkennen, etwa die Nähte?

Das passiert ...

Die Evolution machte unsere Augen superempfindlich für Bewegungen. So konnten wir Säbelzahntigern ausweichen, die von Bäumen sprangen. Die Augen erkennen Bewegungen fast im gesamten Sehfeld, auch an der *Peripherie* (am Rand). Farben sehen wir jedoch nur in einem schmalen Winkel und Einzelheiten in einem noch kleineren Winkel – es ist egal, ob ein Raubtier (oder ein Bus) grün oder rot, gestreift oder einfarbig ist. Wichtig ist ganz allein, dass wir fliehen können!

Schaue zum Himmel!

Tausende von Menschen eilen durch die Stadt. Aber wir sind auch sehr soziale Geschöpfe und achten aufeinander wie Tiere in der Steppe. Ein lustiges Experiment beweist, dass wir Herdentiere sind.

① **Bleibe regungslos** an einer Stelle des Gehwegs stehen, wo viele Leute vorbeikommen.

② **Lege den Kopf laaangsam** in den Nacken und starre die Spitze eines Hochhauses an – mit offenem Mund, glubschäugig und nach Luft japsend.

③ **Beobachte Passanten** aus den Augenwinkeln. Der Erste schaut nach oben. Dann der Zweite. Schließlich bleiben einer oder zwei stehen und starren mit dir. Nicht alle machen halt, doch bald ist ein Grüppchen von Gaffern versammelt, die wissen wollen, was du erspäht hast.

Verwische den Gehweg

Mit diesem Farbkontrast-Trick machst du aus zwei Gehwegplatten eine.

① **Suche zwei benachbarte Platten** mit der gleichen Farbe. Eine sollte aber etwas heller sein als die andere. Lege eine Hand senkrecht vor die Augen, bis die Handkante die Rille zwischen den Platten verdeckt.

② **Betrachte die Farben** – kannst du sie unterscheiden? Wenn die Grenze zwischen zwei fast gleichen Farbtönen verborgen ist, halten die Augen und das Gehirn beide Farbtöne für gleich. Senke die Hand und betrachte die Quadrate erneut: Sie „springen" zu ihren ursprünglichen Farben zurück. Deine Augen reagieren sehr empfindlich, wenn sich irgendwo die Helligkeit ändert, und die sichtbare Rille löst diesen Vorgang aus.

Unmengen von Karten

In der Stadt hilft dir eine Karte, Straßen, U-Bahnlinien und Abkürzungen zu finden. Aber Karten können viel mehr: Sie fangen Gefühle und Erinnerungen ein, machen aus Daten Bilder, beschreiben Welten, die gar nicht existieren, und weisen auf die wundersamen Orte in unserem Geist hin.

Von Mittelerde über Hogwarts bis zu deinen eigenen Fantasieländern – mit Karten kannst du dich an magische Orte versetzen. Kannst du seltsame, rätselhafte Welten auf Papier bannen?

Sandkarte

Karte eines Fantasielandes

Jedes Material eignet sich für eine Karte. Stelle 3-D-Karten aus Sand und Erde her, ähnlich wie das „Gebirge" oben. Du kannst auch ganz alltägliche Dinge oder Bauklötze zu Kontinenten anordnen.

Südamerika aus Legosteinen

Karte deines Tages

Karten zeigen nicht immer Orte. Sie können auch die Zeit abbilden. Mit dem Bild oben beschreibt die Künstlerin ihren Tagesablauf vom Zähneputzen am Morgen bis zum Schlummer in der Nacht. Karten können auch zeigen, wie Städte sich mit der Zeit verändern. Unten siehst du 3-D-Skulpturen von Straßen, die zeigen, wie die Straßen aufeinander gebaut werden.

Portland im Wandel

Sprachen von London

Karten können alle Arten von Informationen abbilden, von echten Daten – hier zu den Sprachen in den Stadtvierteln – bis zu irren Informationen, etwa über die Orte, an denen du deiner Meinung nach Handschuhe verloren hast.

Karte der verlorenen Dinge

Wunder des Wassers

In der wässrigen Welt der Meere, Seen und Bäche kannst du so viel lernen, wie es Sand an den Ufern gibt. Also komm rein, das Wasser ist fein!

Wie schwimmt ein Boot? Von Blättern und Zweigen kannst du lernen, wie der Auftrieb funktioniert.

Was weiß eine Gummiente über den Ozean? Eine Menge!

Untersuche den Müll, der ans Ufer gespült wird, und finde heraus, woher er kommt.

Mache aus einem hüpfenden Stein ein musikalisches Steintelefon.

Wie tief kann ein Mensch tauchen?

Das Wasser der Erde stammt aus dem Weltraum - vielleicht.

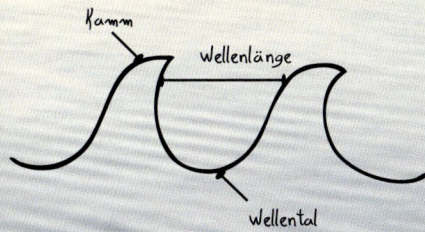

Warum ist das Wasser nass? Klar: Weil es klebrig ist!

Kamm
Wellenlänge
Wellental

Lerne etwas über Wellengeometrie, das Grundwissen aller Surfer für den perfekten Ritt.

Woher kommt das Wasser?

Aus den Tiefen des Weltraums, meinen Wissenschaftler.

Eine Quelle sind wohl Babysterne. Sie entstehen aus riesigen Gas- und Staubwolken, die auch Wasser enthalten. An den Staubteilchen bildete sich Eis, der Staub ballte sich zu Planeten zusammen. Der neue Planet Erde enthielt eine Menge solcher Eisklumpen, sodass die ersten Vulkane Wasser speien konnten.

Eine andere Quelle sind wohl Kometen, rasende Eisbrocken, die auf der Erde einschlugen und die entstehenden Ozeane füllten. Auch Asteroiden stürzten auf den jungen Planeten und versprühten Wasser über das Land.

Kleine Wellenkunde

Gehe an einem windigen Tag ans Wasser und erforsche wilde Wellen.

❶ Beobachte, was auf den Wellen tanzt: eine Seemöwe, Treibholz, ein Surfer? Nichts zu sehen? Wirf einen Ast hinein.

❷ Wenn das Objekt ganz oben ist, befindet es sich auf dem *Wellenkamm*. Wenn es zwischen den Kämmen hinabrutscht, ist es im *Wellental*. Der Abstand zwischen den Kämmen ist die *Wellenlänge*.

❸ Fällt dir etwas auf? Wenn keine Brandungswelle das Objekt erfasst, kommt es dem Ufer nicht näher. Es hüpft nur auf und ab, vom Kamm ins Tal. Wellen sind nur Energieströme – sie bewegen das Wasser nicht vorwärts, sondern drehen es wie ein Spinnrad.

Satelliten und Computer sind nützlich für Wasserexperten; aber Ozeanografen lernen auch etwas von Dingen, die von Frachtschiffen fallen. Im Jahr 1992 wurden 29 000 Gummienten in den Pazifik gespült, und 1990 fielen 80 000 Schuhe ins Meer. Wissenschaftler fanden sie auch an fernen Ufern und nutzten diese Daten, um Meeresströmungen zu bestimmen.

Warum ist Wasser nass?

Ziehe die Schuhe aus, plansche an seichten Stellen und frage dich: Warum ist Wasser nicht trocken? Weil es klebrig ist!

Die Moleküle des Wassers, die aus 2 Wasserstoffatomen und 1 Sauerstoffatom bestehen, haben eine negative elektrische Ladung an einem Ende und eine positive am anderen. Da gegensätzliche Ladungen sich anziehen, sammeln die Moleküle sich zu Tropfen: Das ist *Kohäsion*.

Wenn du im Wasser herumspritzt, brechen deine Hautmoleküle die Kohäsion der Wassermoleküle und ziehen sie zu dir heran. Diese „Klebrigkeit" heißt *Adhäsion*. Deshalb fühlt Wasser sich feucht an.

H₂O-Molekül

Sauerstoffatom (–)

Wasserstoffatome (+)

Wie tief kommst du?

Posthörnchenwürmer, Seesterne und andere Tiere leben in der Tiefsee. Aber auch Tiere, die Luft atmen, erreichen enorme Tiefen.

Tier/Mensch	Wie tief taucht es?	Wie lange kann es die Luft anhalten?
Mensch (Rekord im Freitauchen: William Trubridge)	121 m	4 Minuten, 9 Sekunden
Kormoran (Vogel)	61 m	5 Minuten
Zwergpottwal (Säugetier)	1.000 m	85 Minuten
Lederschildkröte (Reptil)	1.280 m	90 Minuten
Seeelefant (Säugetier)	1.500 m	2 Stunden

Gezüchtetes Licht

In der Abenddämmerung siehst du am Strand seltsame Lichter im Sand oder im Wasser. Mixe dir dieses spukhafte Glühen zu Hause zusammen.

Du brauchst:
einen breiten, durchsichtigen Plastikbehälter mit Deckel
Starterkultur aus biolumineszierenden Dinoflagellaten (kaufe sie in der Zoohandlung oder im Internet)
Nährstofflösung für Algen (ebenso)
Schreibtischlampe mit einer weiß glühenden 40-Watt-Birne

❶ **Wähle einen Raum,** der weder sehr warm noch sehr kalt ist. Wasche und trockne den Behälter gut und stelle ihn auf eine ebene Fläche.

90 cm

❷ **Bringe die Lösung** und die Starterkultur auf Zimmertemperatur. Gieße 2,5 cm Lösung, dann die Starterkultur hinein. Decke das Gefäß zu und schüttle es ein wenig.

❸ **Stelle die Lampe** 90 cm entfernt vor den Behälter (siehe Abbildung links). Die Lampe darf nicht direkt darauf scheinen, sonst wird die Lösung zu heiß. Merke dir: Deine „Dinos" brauchen täglich 12 Stunden Licht und 12 Stunden Dunkelheit. Vergiss also nicht, das Licht rechtzeitig ein- und auszuschalten.

Schiffe aus Treibgut

Baue dir eine Segelbootflotte aus Treibgut!

Segel
Mast →
Rumpf →

❶ Wenn du einen Strandbummel machst, sammle Dinge, aus denen du ein Schiff bauen kannst: den *Rumpf*, den *Mast* und das *Segel*. Ein rundes Rindenstück ist der perfekte Rumpf. Aus Treibholz, das du mit Kaugummi (gekaut!) an der Rinde befestigst, wird ein Mast. Ein paar frische Blätter kannst du als Segel ans Treibholz binden. Ahoi!

❷ Baue mehrere Arten von Schiffen, z. B. Flöße, Katamarane und Ausleger, und setze sie aufs Wasser. Welche hüpfen auf und ab, welche sinken wie ein Stein? Verbessere die überlebenden: Hefte mehr Blattsegel mit Kiefernadeln zusammen oder balanciere das Schiff mit Kieseln besser aus. Dann bist du bereit für ein Wettrennen mit einem Freund.

Auch aus Strandgut kannst du Schiffe bauen. Verpasse dem Verschluss einer Limoflasche ein Segel aus Bonbonpapier, baue eine Barke aus Erdnüssen, die ein Gummi zusammenhält oder benutze eine halbe Plastikflasche als Rumpf. Entsorge deine Armada danach im Mülleimer!

❹ Nach ein paar Tagen sollten deine Dinos gut gedeihen. Schüttle den Behälter während der Dunkelphase leicht. Wenn die Organismen zusammenprallen, strahlen sie hellblaues oder grünes Licht aus. Gönne ihnen vor der nächsten Lichtshow ein paar Tage Pause.

Das passiert ...

Viele Tiere und Pflanzen, z. B. Libellen und Pilze, erzeugen Licht durch einen chemischen Prozess, den man Biolumineszenz nennt. Auch Meeresbewohner nutzen ihn, um Partner oder ihr Mittagessen anzulocken, Raubtiere abzuschrecken und sich zu tarnen. Ihr Licht ist meist blau oder grün (diese Farben sind unter Wasser am besten zu sehen), und es entsteht, wenn Enzyme und Farbstoffe im Körper eines Organismus mit Sauerstoff reagieren und Energie in Form von Licht abstrahlen. Diese Fähigkeit besitzen sowohl Kreaturen an der Oberfläche als auch solche in der Tiefe. An manchen Orten sind ganze Buchten mit leuchtenden Dinoflagellaten gefüllt. Die meisten Arten, die unterhalb von 700 m leben, erzeugen ihr eigenes Licht.

"Sternsand" aus winzigen Muscheln

leuchtender Korallensand

Sand aus Strandglas

magnetischer Sand

Ooid-Sand mit runden Körnern

Untersuche mit der Lupe aus diesem Buch die einzigartige Struktur der Sandkörner.

Wie sauber ist der Strand?

Menschen werfen alles ins Meer: Plastik, alte Autos und vieles andere. Tonnen von Müll werden täglich auf der ganzen Welt angespült und gefährden das Leben im Meer und an der Küste. Sammle Müll an deiner Küste und ermittle seine Herkunft.

1 **Trage feste Handschuhe,** wenn du Müll sammelst. Sobald dein Sack voll ist, bringst du ihn an Land. Trenne den Müll in natürliche (z. B. Stöcke, tote Krebse) und künstliche Abfälle.

2 **Sortiere den von Menschen gemachten** Müll, z. B.: Dosen, Plastikbeutel, Zigarettenstummel, Angelschnüre, Netzstücke.

3 **Notiere die Müllsorte,** die Anzahl der gesammelten Dinge je Müllsorte und die Fundstellen. Welcher Müll macht den größten Teil aus? Weißt du, wie der ganze Abfall an den Strand gelangt ist?

4 **Vergleiche deine** Zählung mit der, die 2011 bei einem weltweiten Strandputz entstand. Wo liegt ihr ähnlich?

Die häufigsten Müllsorten

1. Zigarettenkippen: 2 Mio.
2. Verschlüsse, Deckel: 1,2 Mio.
3. Plastikflaschen: 1,1 Mio.
4. Plastiktüten: 1 Mio.
5. Verpackungen (Essen): 900 000

Welche Müllsorte ist es?	Wo gefunden?	Anzahl	Wie ist es dorthin gelangt?
Alte Socken	Ende der Mole	‖‖‖	Hier gelassen von Schwimmern?
Angelköder	Türkisstrand	l	Fiel von einem Boot

Singende Steine

Die Küste ist der beste Ort für Rockmusik.

Steine vom Strand oder aus dem Fluss sind altbewährte Musikanten. Die Menschen benutzen sie seit Jahrtausenden als Schlagzeug und der Ton eines guten *Steinspiels* (eines Instruments mit Tasten aus Stein) gefällt uns heute noch. Die Qualität der Musik hängt von der des Steins ab.

Suche flache, ovale Steine, die sich auch zum Steinehüpfen eignen würden. Steine mit langen, geraden Molekülen, z. B. Feuersteine, Granitbrocken und Schiefersteine – diese sind oft sehr glatt und dunkel und liegen meist an See- und Bachufern – klingen gut; aber du kannst mit allen Gesteinsarten experimentieren.

Schlage die Steine schwach und stark, schnell und langsam aneinander. Nimm einen in die Handfläche und klopfe mit einem anderen darauf. Öffne und schließe dabei die Finger, um die Tonhöhe zu verändern. Reibe sie aneinander oder klappere mit ihnen wie mit Kastagnetten. Befeuchte sie und probiere es erneut. Wird der Ton satter?

Geometrie trifft Kunst: Jim Denevan

Sand, Wasser und Eis sind die „Leinwände" dieses Künstlers. Die riesigen abstrakten Bilder, die er auf sie zeichnet, werden von Wellen und vom Wetter gelöscht. Manchmal formt er am Strand und an Seen geometrische Muster im Sand und benutzt dabei ein Navigationssystem für die kilometergroßen Kreise. Oder er gräbt mit einem Rechen riesige Spiralen, die man am besten aus der Luft betrachtet.

Diese großen Kunstwerke setzen Erkundungen – „Ich bin bestimmt ein paar Mal im Sand um die Welt gegangen", sagt Denevan – und ein gutes Auge für die Landschaft voraus. Obwohl er präzise arbeitet und sich sehr anstrengen muss, gefällt es ihm, dass die Natur seine Bilder beseitigt. „Der Ozean und das Wetter sind viel, viel mächtiger als jede großartige Komposition … Es ist schön, wenn sie weggespült wird."

Experimentiere an der Küste mit Sandbildern. Verwende Stöcke oder die Hände, um Muster oder Bilder zu zeichnen. Schaue nach einigen Tagen: Was haben Wind und Wasser mitgenommen oder hinzugefügt?

Zeit für coole Spiele

#11

Was machst du in deiner Freizeit zwischen Hausaufgaben und Abendessen? Motiviere deine Freunde, verwirrt euch gegenseitig die Sinne, baut Bahnen und Roboter.

Wie rollen und fahren Spielsachen? Öffne sie, um es herauszufinden!

Treibe ein paar alte Lieder auf, ohne Ohrstöpsel!

Erwecke flache Dinge mit bunten Filtern zum 3-D-Leben!

Lasse Robot-Insekten durchs Haus flitzen!

Erschrecke andere mit einer selbstgemachten Maske!

Mache aus dem Sofa und Sesseln eine Achterbahn!

Verwirre deine Augen mit optischen Täuschungen!

3-D-Magie

Damit machst du ein Monster lebendig. Diese Magie erlebst du, wenn deine Augen zwei verschiedene Bilder derselben Bestie sehen. Das Gehirn setzt sie zu einem Bild zusammen, das aus der Seite springt.

1 Besorge dir eine rote und blaue Folie. Finde damit die richtigen Buntstifte für dieses Experiment. Zeichne zuerst eine Linie mit einigen blauen Stiften und wähle den Farbton, dessen Linie verschwindet, wenn du sie durch das blaue Blatt betrachtest. Mit roten Farbtönen und dem roten Blatt gehst du genauso vor.

2 Setze die Spitzen der Stifte auf das schwarzweiße Monster unten und folge seinen Umrissen mit beiden Stiften gleichzeitig. Achte auf die Details, z. B. Zähne und Augen. Oder probiere es mit einer eigenen schwarzweißen Zeichnung.

3 Lege das rote Blatt über ein Auge und das blaue über das andere und schaue, wie das Ungeheuer lebendig wird!

Schattenspiele

Schatten sind nicht immer schwarz. Bunte sind lustiger!

1 Für dieses Spiel brauchst du zwei Freunde, drei Taschenlampen (je heller, desto besser) und drei Folien: eine rote, eine grüne, eine blaue. Klebe auf jeden Lampenkopf eine andere Folie.

2 Schalte das Licht aus. Stellt euch vor eine weiße Wand. Das grüne Licht befindet sich in der Mitte, das rote rechts und das blaue links. Der Partner mit dem grünen Licht zielt gerade auf die Wand; die Freunde mit den blauen und roten Taschenlampen halten diese schräg, sodass sie dieselbe Stelle anstrahlen wie das grüne Licht.

3 Haltet eure freien Hände zwischen das Licht und die Wand. Wie viele Schatten seht ihr? Welche Farbe haben sie? Bewegt die Hände, bis die Schatten sich überlappen und schaut, welche Farbtöne an diesen Stellen entstehen. Nun schaltet eine Lampe aus. Was geschieht mit den bunten Schatten? Zählt alle Farben, die ihr erkennt. Könnt ihr mit euren Lampen auch weißes Licht erzeugen?

Das passiert ...

Weißes Licht enthält alle Regenbogenfarben. Aber hier kombiniert ihr drei Lichtfarben (Grün, Rot, Blau), um Weiß und 4 weitere Farbtöne zu erzeugen: Zyanblau, Purpur, Gelb und Schwarz. Wenn du einen Lichtstrahl blockierst, wirft deine Hand keinen schwarzen Schatten, sondern einen, der eine Mischung aus den zwei anderen Lampenfarben ist. Blau plus Grün ergibt einen zyanblauen Schatten. Rot plus Blau ergibt Purpur. Rot plus Grün ergibt Gelb. Wenn die Schatten sich überlappen, blockiert ihr zwei Lampen: Ihr seht blaue, rote oder grüne Schatten. Wenn ihr alle 3 Lampen blockiert, werden die Schatten schwarz.

Der täuschende Handabdruck

Mache aus einem Handabdruck eine optische Täuschung!

① **Lege die Hand flach** auf ein weißes Papier. Zeichne ihre Umrisse mit Bleistift nach, auch die gestreckten Finger.

② **Ziehe mit Filzstiften** horizontale Linien von links nach rechts quer übers Papier. Wenn du den Umriss der Hand erreichst, zeichnest du jedoch von der linken bis zur rechten Kante eine leichte Kurve nach oben. Der Rest der Linie wird dann wieder gerade bis zur Blattkante.

③ **Zeichne Linien** in neuen Farben, bis das ganze Papier voll ist. Vergiss nicht die Kurven auf den Fingerumrissen! Wenn du fertig bist, könntest du schwören, dass eine 3-D-Hand dabei ist, sich vom Papier zu lösen.

Ist dir die Hand gelungen? Pobiere komplexere Gebilde, z. B. Schlösser, Menschen, Tiere. Zeichne zuerst ihre Umrisse mit Bleistift und nimm dann Filzstifte wie oben.

Straße trifft Kunst: Edgar Müller

Mit seinen kolossalen 3-D-Straßenkunstillusionen ist Müller ein Meister des *trompe l'oeil*. Diese Technik täuscht den Augen vor, dass flache Bilder eine Dimension, Gewicht und vor allem Tiefe haben. An diesem völlig soliden und normalen irischen Kai zeichnete der Künstler die Umrisse einer riesigen Spalte und bemalte sie blau, grau und weiß. Schließlich schien eine gigantische Gletscherspalte den Kai zu spalten. Die Wirkung ist so realistisch, dass einige Passanten die verwirrende Illusion nicht betreten wollten. Müller hinterfragt die „täglichen Wahrnehmungen der Menschen, indem ich das Aussehen öffentlicher Plätze verändere". In Kanada verwandelte er eine Straße in einen rauschenden Wasserfall und auf dänischen Straßen ließ er rätselhafte Bäume wachsen. Verwende Stifte, Farben und Papier und spiele mit der Perspektive und mit Farben. Kannst du mit Kunstwerken ebene Flächen „aufreißen"?

Das Ames-Trapezoid

Ein Ames-„Fenster" ist ein *Trapezoid*, ein Rechteck, das an einer Seite höher ist als an der gegenüberliegenden. Unsere Augen und unser Gehirn halten es für ein regelmäßiges Rechteck.

Du brauchst:
2 Blatt Papier
Klebstoff
Karton
Tapeziermesser
Locher und Schere
leichten Bindfaden
doppelseitiges Schaumstoff-Klebeband
7,5 cm langes Bastelholz oder Zahnstocher

❶ Kopiere die Schablone auf 2 Blatt Papier. Klebe auf jede Seite eines dicken Kartonstücks ein Blatt, genau gleich ausgerichtet. Schneide nun das doppelseitige Fenster und die Scheiben mit dem Tapeziermesser aus. Jetzt hast du einen ganz normalen Fensterrahmen mit 6 leeren Scheibenöffnungen.

❷ Loche beide oberen Ecken des Rahmens. Schneide ein 60 cm langes Stück Bindfaden ab und knote die Enden in die Löcher. Lass den Faden so an einem Finger hängen, dass das Fenster sich im Gleichgewicht befindet. Drehe es mit der freien Hand ein paar Mal, sodass der Faden aufgezwirbelt ist.

❸ Halte das Fenster vor die Augen und lasse den Faden frei, sodass er sich wieder aufdreht. Eigentlich dreht sich das Fenster mit; doch etwas Seltsames geschieht: Es scheint sich seitwärts zu bewegen!

❹ Senke das Fenster unter die Augenhöhe. Du siehst deutlich, dass es sich wiederholt um 360 Grad dreht. Hältst du es wieder vor die Augen, bewegt es sich seitwärts.

Klebe einen Streifen doppelseitiges Klebeband in eine der oberen „Scheiben" und stecke das Bastelholz (den Zahnstocher) durch die Scheibe auf das Klebeband. Drehe das Fenster wieder vor den Augen. Das Holz rotiert kreisförmig, das Fenster bewegt sich wieder seitwärts, das Holz scheint durch den Rahmen zu fliegen!

Illusionen necken die Augen und zeigen, wie das Gehirn die Welt sieht.

Baue dir eine Mini-Achterbahn

Bastle dir eine Achterbahn und nutze die Gesetze der Physik, um aufregende Loopings einzubauen.

① **Schneide** 3,7 m lange Wassernudeln oder dicke Rohrisolierelemente aus Schaumstoff senkrecht durch und mache daraus verschieden lange Halbröhren. Das wird die Bahn. Klebe die Teile zusammen und glätte Falten, damit deine „Waggons" – eine Handvoll Murmeln – flink rollen.

② **Beginne** mit einem hohen Berg: Klebe eine Halbröhre auf eine hohe Stütze. Klebe ihr Ende an eine andere Halbröhre auf einer niedrigeren Stütze und so fort. Nun lassen Freunde eine Murmel den ersten Berg hinabrollen, ungehindert und schnell.

③ **Mache mehr Berge** auf Stühlen oder anderen stabilen Dingen. Teste jeden mit einer Murmel. Wenn sie zurückrollt, musst du den Berg umbauen. Jeder Berg muss niedriger sein als der vorangehende.

④ **Baue nach einem besonders hohen Berg** einen Looping ein. Probiere einen Kreis, ein Oval und beobachte, was am besten ist – vielleicht erlebst du eine Überraschung.

Das passiert ...

An einigen Stellen rast die Murmel, an anderen schleicht sie. Warum? Die Schwerkraft beschleunigt die Murmel, und auf einem Berg ist sie mit *potenzieller Energie* gefüllt. Wenn sie dann hinabrollt, wird daraus *kinetische Energie*. Sobald sie den nächsten Berg ansteuert, verwandelt sich ein Teil der kinetischen wieder in potenzielle Energie, die teilweise als Reibung verlorengeht. Jedes Mal, wenn die Murmel hinaufrollt, verliert sie mehr kinetische Energie und wird etwas schwächer. Darum muss der erste Berg – wie in einer echten Achterbahn – der höchste sein: Sonst schafft es die Murmel nicht!

Ist eine Kurve oder eine Gerade vor einem Berg hilfreich für deine Murmel? Teste und trimme die Spur auf maximales Tempo!

Das Robot-Insekt

Bastle diese coolen Laufburschen mit Freunden. Wessen Roboter kriecht schneller durchs Zimmer – welcher bringt die Katze zu höheren Sprüngen?

1 **Sammle alte Bürsten** aus Küche, Bad, Garage. Die Borsten müssen gleich lang sein (schneide sie evtl. mit einer Schere). Wenn du eine Zahnbürste benutzt, brich den Kopf ab oder trenne ihn vorsichtig zusammen mit einem Erwachsenen mit der Kneifzange ab.

2 **Klebe einen Streifen** doppelseitiges Schaumstoff-Klebeband auf den Rücken jeder Bürste.

3 **Wähle einen Motor aus:** Eine große Bürste braucht einen starken Motor, eine Zahnbürste einen schwächeren. Befestige den Motor und die Batterie mit Klebstreifen oder Gummiringen so, dass einer der Motordrähte sich zwischen dem Band und der Batterie befindet.

Pfeifenreiniger
Federn

Gummiring

großer vibrierender Gleichstrom-Elektromotor

kleiner vibrierender Gleichstrom-Elektromotor
Uhrenbatterie
Klebeband
Bürstenkopf

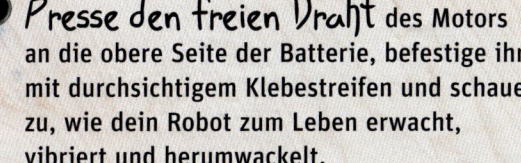

4 **Schmücke dein Kriechtier.** Klebe Filz als Tentakel um den Bürstenkopf herum, klebe Plastikaugen darauf, mache Fühler und Beine aus Pfeifenreinigern und verwende angeklebte Federn als Hahnenschwanz.

5 **Presse den freien Draht** des Motors an die obere Seite der Batterie, befestige ihn mit durchsichtigem Klebestreifen und schaue zu, wie dein Robot zum Leben erwacht, vibriert und herumwackelt.

Maskomorphosen

Menschen tragen seit Jahrtausenden Masken, um andere zu erschrecken, um albern zu sein oder um andere Personen, Tiere oder Götter zu spielen. So verwandelst du dich und lernst, warum Masken so wirksam sind.

1 Welche Gefühle oder Eigenschaften soll die Maske ausdrücken? Wild, scheu, lustig oder traurig? Bastle die Masken aus Dingen, die du am Kopf festmachen kannst: Papiertüten, Schnüren, Buntpapier …

2 Setze eine Maske auf und versuche, deine Körpersprache ihr anzupassen. Wie bewegt sich ein gruseliger Körper? Wie ändert sich deine Haltung, wenn du traurig bist?

3 Theater: Kannst du mit kleinen Gesten große Gefühle ausdrücken? Bewegst du dich anders, wenn du dein Gesicht versteckst?

4 Versuche, gegen deine Maske anzukämpfen. Kannst du eine entsetzliche Kreatur in eine alberne verwandeln und anders herum?

Grillen mit Rillen

Stöbere alte Schallplatten auf und spiele mit Vinyl. Kein Plattenspieler da? Kein Problem!

1 Nimm eine Platte (mit Erlaubnis deiner Eltern) ohne Wellen oder Kratzer und stecke einen Bleistift durchs Loch. Wickle dann unter der Platte Klebeband um den Bleistift, damit er nicht herausrutscht.

2 Rolle ein großes Stück Papier zu einer Eistüte zusammen und verklebe die Enden. Stecke knapp unter der Spitze eine gerade Nadel hinein – Nadelkopf in der Tüte, Nadelspitze außen. Schon hast du Tonarm und Nadel!

3 Musik ab: Halte die Platte so, dass die Spitze des Bleistifts nach oben zeigt. Setze die Nadelspitze in eine Rille am äußeren Rand der Platte.

4 Bitte eine Freundin, die Platte zu drehen. Wenn die Nadel sich in der Rille bewegt, trifft sie winzige Hügel und Kurven, die sie in Schwingung versetzen. Dabei entstehen Schallwellen. Der Ton wird umso besser, je schneller die Platte sich dreht.

Das große Spielzeugzerlegen 🔍

Krame die alten Spielsachen hervor, die ganz hinten im Schrank liegen, staube sie ab und untersuche sie, nachdem du einen Erwachsenen um Erlaubnis gefragt hast.

1 **Dafür brauchst du Werkzeuge:** kleine Schraubenzieher, Spitzzange, Pinzette und deine Lupe. Setze eine Schutzbrille auf.

2 **Opfere Spielsachen** für die Wissenschaft, z. B. Kreisel, Rückzugautos und Aufziehpuppen. Suche welche aus, die sichtbare Schrauben oder Gelenke haben, nicht solche, die aus einem einzigen Kunststoff- oder Metallteil bestehen (sie sind schwer zu öffnen) oder einen Stecker haben (sie können elektrisch geladen sein).

3 **Entferne zuerst** die Batterien, löse die Schrauben und Stifte und breite alles auf dem Tisch aus. Ziehe das Spielzeug Stück für Stück auseinander. Was ist drinnen? Leiterplatten, Lämpchen, Drähte, Federn, Gummibänder?

Ein Aufziehspielzeug enthält einen Getriebekasten aus Kunststoff, an dem ein Knopf oder Schlüssel angebracht ist. Öffne ihn und studiere das Getriebe und die Feder im Inneren. Sie sorgen dafür, dass die Räder oder Glieder des Spielzeugs sich bewegen. An welchen Stellen ist das Getriebe an den beweglichen Teilen befestigt?

Viele moderne Spielsachen enthalten einen Mikrochip. Trenne die Drähte, an denen er hängt, und hole ihn heraus. Manche lassen Puppen sprechen, manche steuern Bewegungen. Was kann der Chip in deinem Spielzeug?

Hast du alle Spielsachen zerlegt? Dann verwende ihre Teile neu. Richte ein mechanisches Chaos an, indem du Drähte an neuen Stellen befestigst, sodass die Scheinwerfer eines Autos muhen oder eine Kuh leuchten. Oder entwirf ein einzigartiges Stofftier, indem du einen Teddybär verkehrt herum zunähst oder ihm Gliedmaßen anderer Spielsachen verpasst.

Eine wissenschaftliche Mahlzeit

#12

Isst du heute Abend mit der Familie? Nutze die Küche, Kochtöpfe, Küchengeräte und das Essen, um die Geheimnisse der Nahrungsmittel zu enthüllen.

Blumenvase, Selbstporträt ... oder beides?

Ein Muffin ist eklig, einer lecker. Warum?

Mumifiziere dein Essen!

Das leckerste Brot wird mit Fürzen gemacht!

Die Gewürzgurke wird zur Batterie.

Verstärke deine Stimme mit einem Wok.

Mache aus gewöhnlichem Salz verrückte Kunstwerke.

Die Gesichtsvase

Kind oder Blumenvase? Das liegt im Auge des Betrachters!

① **Betrachte das Foto rechts.** Siehst du eine blaue Vase zwischen den zwei Mädchenprofilen? Kannst du die Profile und die Vase gleichzeitig sehen?

② **Setze dich seitlich** vor einer weißen Wand auf einen Stuhl. Ein Freund stellt eine Lampe so hin, dass das Licht auf dein Profil fällt. Klebe ein weißes Blatt Papier so an die Wand, dass sich dein Profil darauf abzeichnet.

③ **Bitte den Freund,** deine Silhouette aufs Papier zu zeichnen. Nimm es ab, lege es auf ein weißes Blatt und schneide deine Silhouette aus beiden Blättern aus. Die geraden Seiten bleiben.

④ **Klebe ein weißes Gesicht** mit der Nase nach innen auf die Kante eines dunklen Papierblatts. Drehe das zweite weiße Gesicht um und klebe es an die andere Kante, sodass die Nasen auf gleicher Höhe und 2,5 cm auseinander sind. Siehst du die Vase und die Gesichter sofort?

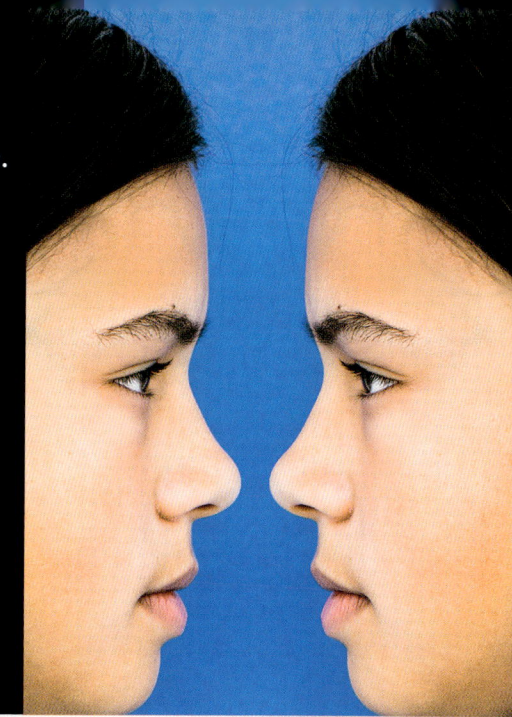

Rühre dir einen Regenbogen

Beginne dein Abendessen mit einem Regenbogen! Dieses herrliche Experiment bringt Farbe auf den Tisch und lehrt dich einiges über Masse, Volumen und Dichte.

❶ **Stelle den Wasserhahn** auf heiß. Fülle 120 ml heißes Wasser in eine Keramiktasse. Mache dasselbe mit 3 weiteren Tassen.

❷ **Gib 8 Esslöffel** (120 g) Zucker in die erste Tasse. Rühre mehrere Tropfen blaue Lebensmittelfarbe ein, bis sie und der Zucker sich gelöst haben.

❸ **Gib 6 Esslöffel** (90 g) Zucker und grüne Lebensmittelfarbe in die zweite Tasse und rühre um. In die dritte Tasse gibst du 4 Esslöffel (60 g) Zucker plus gelbe Farbe, in die Vierte 2 Esslöffel (30 g) Zucker plus rote Farbe.

❹ **Lasse alle Tassen** abkühlen. Halte dann ein hohes, dünnes Glas schräg und träufle die bunten Zuckerwasser mit einer Pipette in dieser Reihenfolge hinein: Blau, Grün, Gelb, Rot.

Das passiert ...

Vermischen sich die Farben? Nein, sie bleiben in ihren hübschen Schichten, weil Masse (Zahl und Größe der Atome in einer Substanz) geteilt durch Volumen (Rauminhalt) gleich Dichte ist. Wenn du mehr Zucker in die gleiche Menge Wasser gibst, wird die Lösung dichter. Das süßeste Wasser sinkt zum Boden, das leichteste bleibt oben.

Zerkrümle Kekskontinente

Spiele mit Keksen und erforsche dabei die gigantischen Kräfte, die Kontinente erschüttern.

1 **Nimm dafür Kekse** mit Löchern. Brich einen an der gepunkteten Linie – der „Bruchlinie" – in der Mitte durch. Verschiebe eine Hälfte nach hinten und eine nach vorn.

2 **Krümel fallen ab,** wenn die Stücke sich aneinander reiben. Das geschieht, wenn zwei Kontinentalplatten aneinander vorbeischrammen (Blattverschiebung): Gestein bricht ab, Erdbeben entstehen.

3 **Brich ein Stück** in zwei kleinere Hälften mit ungleichmäßigen Kanten und reibe die Kanten aneinander. Dabei entsteht Spannung wie bei einer *Aufschiebung* von Kontinentalplatten. Schließlich brechen die Stücke wie Platten bei einem starken Beben.

4 **Schiebe ein Stück** unter ein anderes und beobachte, was geschieht, wenn eine Kontinentalplatte sich unter eine andere schiebt und sie nach oben presst (*Subduktion*). Weitere Krümel fallen vom Keks, ein Stück zerbröselt vielleicht. Wenn das bei den großen Erdplatten schnell geht, können große Verwüstungen die Folge sein wie 2004 beim gewaltigen Erdbeben im Indischen Ozean.

Wok-Gespräche

Bevor du Gemüse dünstest, benutze den Wok oder eine andere gerundete Metallschüssel, um deine Stimme zu verstärken.

1 **Halte den Wok** an den Griffen vor dein Gesicht. Trällere, sprich, murmle in den Wok hinein, gehe immer näher heran.

2 **Verstumme, wenn deine Stimme** lauter wird: Du hast den Brennpunkt gefunden, an dem deine Schallwellen optimal vom Metall abprallen und deine Ohren erreichen.

3 **Nun sprich** zur Rückseite des Woks. Schallwellen prallen von ihr ab und verteilen sich überall. Vielleicht schimpft jemand mit dir, weil du so laut bist!

Flaschen-Boogie

Gründe eine altmodische Gläser-Band mit Glas aus dem Altglascontainer.

① **Du brauchst 4 gleiche Glasflaschen.**
Wenn du eine volle Oktave (die Tonstufen c d e f g a h c) bevorzugst, nimm 8 Flaschen.

② **Gieße durch einen** Trichter unterschiedliche Mengen Wasser in jede Flasche.

③ **Klopfe mit** einem Löffel oder Bleistift an jede Flasche. Stelle die Flaschen dann der Reihe nach auf – vom tiefsten bis zum höchsten Ton.

④ **Blase über die Flaschenöffnungen,** bis sie ein „Uuuh" von sich geben. Wo ist der Ton am tiefsten, wo am höchsten? Wenn nötig, stelle die Flaschen um.

Ping!

Das passiert …

Wenn du an eine Flasche klopfst, vibriert sie. Dabei entsteht ein Ton. Die Tonhöhe hängt von der Wassermenge in der Flasche ab. Viel Wasser bedeutet: langsame Schwingungen und tiefe Töne. Bei wenig Wasser ist es anders herum: Schnelle Schwingungen erzeugen hohe Töne. Wenn du über die Flasche bläst, schwingt die Luft in der Flasche, nicht die Flasche selbst, und das ändert alles! Mehr Wasser bedeutet nun: weniger Luft, schnelle Schwingungen und hohe Töne. Weniger Wasser bedeutet mehr Luft, langsame Schwingungen und tiefe Töne.

Hast du 8 Flaschen? Ordne sie als Tonleiter an und spiele richtige Melodien! Fülle die erste 6,5 mm und die zweite 1,25 cm hoch mit Wasser. Mache so weiter und fülle in jede Flasche 6,5 mm mehr Wasser als in die Vorherige. Spiele dann auf einem Keyboard oder einem anderen Instrument eine Oktave oder höre sie dir im Internet an. Verändere die Wassermengen in den Flaschen, bis die Band perfekt spielt!

Backe falsche Muffins

Sie sehen köstlich aus, schmecken aber widerlich. Dabei lernst du eine Menge darüber, warum Zutaten zueinander passen oder auch nicht.

Schüssel 1
2 TL (10 ml) Vaseline
½ TL (2,5 ml) Flüssigseife
1 EL (15 ml) Vanille

Spezielle Zutaten

Schüssel 2
2 TL (10 ml) Vaseline
1 EL (15 ml) geschlagenes Ei
1 EL (15 ml) Vanille

Schüssel 3
2 TL (10 ml) Butter
1 EL (15 ml) geschlagenes Ei
1 EL (15 ml) Vanille

1 **Heize den Herd** auf 190 °C vor. Markiere 2 Papierförmchen mit 1, zwei mit 2 und zwei mit 3. Lege alle in ein Muffin-Blech.

2 **Mische alle Zutaten** in der großen Schüssel.

470 g Mehl

350 g Zucker

2 TL (10 g) Zimt

1 TL (5 g) Nelkenpulver

Forme Stalaktiten aus Salz

Nichts auf dem Tisch ist simpler als Salz. Mach daraus ein buntes Kunstwerk.

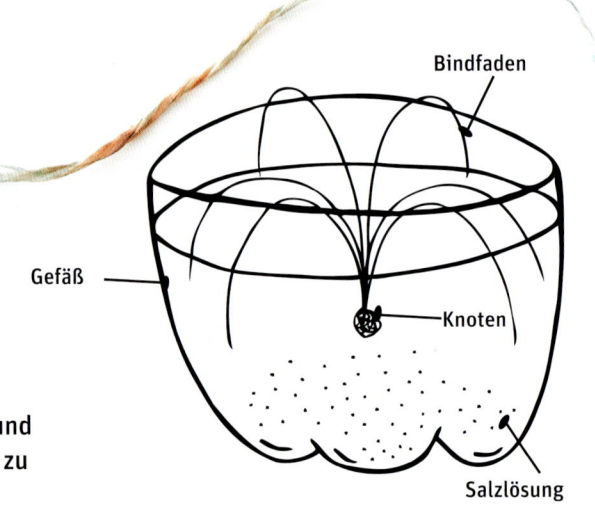

Bindfaden

Gefäß

Knoten

Salzlösung

1 **Schneide 6 oder 7** je 13 cm lange Stücke aus weißem Bindfaden zurecht und verknote sie an einem Ende zu einem „Strauß".

2 **Bringe** 240 ml Wasser in einem Topf zum Kochen und rühre 60 g Salz langsam ein, bis es sich gelöst hat. Rühre eine Flasche Lebensmittelfarbe ein. Schalte den Herd aus, lasse die Lösung abkühlen, gieße sie in eine Plastiktasse (oder in den abgeschnittenen unteren Teil einer 1-l-Plastikflasche).

③ Mische die speziellen Zutaten in den 3 mittelgroßen Schüsseln. Verteile die trockene Mischung gleichmäßig in die Schüsseln und rühre um.

180 ml Orangenlimonade

④ Gieße 60 ml Orangenlimondade in jede Schüssel und rühre um.

⑤ Gieße Schüssel 1 in die mit 1 markierten Förmchen, Schüssel 2 in die mit 2 markierten und so weiter. Notiere, welcher Förmchensatz welche Mischung enthält. Backe die Kuchen rund 30 Minuten.

Du brauchst:

6 Muffin-Papierförmchen
Stift und Papier
Muffin-Backblech
1 große Schüssel
3 mittelgroße Schüsseln
Zutaten (siehe links)

⑥ Vergleiche den Geschmack, den Geruch und die Konsistenz jeder Muffin-Art. Lecker? Eklig? Welche schmecken am besten? (Iss von jedem Typ nur ein bisschen, sonst kannst du von der Seife und Vaseline Magenbeschwerden bekommen!)

Das passiert ...

Die Hauptzutaten eines Kuchens sind Wasser und Mehl. Aber wenn du nur diese beiden verwendest, bekommst du einen grauen Stein. Darum enthalten Rezepte ein *Fett* (Butter oder Öl) und ein *Schäummittel* (Backpulver), damit das Gebäck zart und locker wird. Eier sind *Emulgatoren*: Sie sorgen dafür, dass andere Zutaten sich gut vermischen. Zucker und Gewürze sind aromatische Extras. In deinen weniger leckeren Kuchen ist das alles drin: Vaseline als Fett, Orangen-Limonade als Schaummittel und Seife als Emulgator. Alle Kuchen sehen gut aus, nur einige sind essbar!

③ Lasse das verknotete Ende in die Lösung hängen. Schlage die losen Enden gleichmäßig über den Rand des Gefäßes wie Krakenarme.

④ Stelle das Gefäß 2 Tage lang an einen ruhigen Ort, bis Salzkristalle an den Fäden hinaufkriechen. Koche mehr bunte Salzlösung und gieße sie dazu, damit die Stalaktiten dicker werden.

⑤ Nach ein paar Tagen holst du die Fäden aus der Lösung und legst sie beiseite. Wiederhole die Schritte 1 bis 4 mit neuen Bindfäden und einer anderen Farbe. Mache das mehrere Male und ordne dann alle „Kraken" auf dem Tisch so an, dass sie wie eine wilde Bestie aussehen.

Das passiert ...

Wenn du Salz in Wasser rührst, lösen die Kristalle sich auf und es entsteht eine *Lösung*. Aber du kannst keine unendliche Menge Salz in einer bestimmten Menge Wasser lösen. Wenn sich so viel Salz wie möglich gelöst hat, ist die Salzlösung *gesättigt*. Wird noch mehr Salz hineingeschüttet, sinken Salzkörner auf den Boden des Gefäßes. Heißes Wasser kann mehr gelöstes Salz aufnehmen als kaltes, weil es mehr kinetische Energie hat. Wenn die Lösung abkühlt, bilden sich an den porösen Fäden wieder Kristalle und trocknen dort zu bizarren Formen.

Deine eigene alte Mumie

Du brauchst dafür keine Leiche. Hole ein Würstchen aus dem Kühlschrank und mache daraus eine Mumie – je nach Wunsch belegt mit Flüchen!

❶ Die alten Ägypter mumifizierten meist Berühmtheiten. Wiege die „Königin" auf einer Küchenwaage, miss ihre Länge mit dem Lineal und ihren Durchmesser mit einem 7,5 cm langen Bindfaden. Schreibe dir die Daten auf.

❷ Fülle eine Plastikschale, die etwas größer ist als ein Würstchen, mit 5 cm Backnatron. Lege das Würstchen hinein, bedecke es mit 5 cm Backnatron, verschließe die Schale. Stelle sie 1 Woche in den Schrank. Hole das Würstchen dann heraus, vermiss es, notiere die Daten.

❸ Lege es wieder in die Schale, warte 10 Tage und vermiss es noch einmal. Das Backnatron hat das Wasser herausgesaugt und die *Verwesung* (die Vermehrung von Bakterien) unterbunden – eine Mumie für die Ewigkeit?

Das passiert ...

Die alten Ägypter verwendeten *Natron*, ein Salz aus dem Nil, um ihre Toten zu konservieren. Es besteht aus entwässerndem Natriumkarbonat, Natriumbikarbonat (Backnatron), Natriumsulfat und Natriumchlorid (Kochsalz). Zuerst entfernten sie die Innereien der Leiche außer dem Herzen (das mussten die Götter wiegen, um zu sehen, ob der Verstorbene ein guter Mensch war) und füllten die Höhle mit Natron oder Leinengewebe. Dazu kam eine Hülle aus Natron. Die Füllung saugte das Wasser auf, das Natron schluckte den Rest. Die Überreste wurden in Leinen gewickelt und begraben – sie inspirierten Generationen von Archäologen.

Leckere Fürze

Schaue dir mal eine Brotscheibe genau an. Sie hat viele winzige Löcher – und deren Ursache sind Fürze! Hefefürze, um genau zu sein. Das beweist der folgende Test.

❶ Blase ein paar Mal in einen mittelgroßen Gummiballon, um ihn zu dehnen.

❷ Rühre zwei Würfel frische Hefe und 4 Esslöffel (60 g) Zucker in 240 ml warmes Wasser (40–46 °C).

❸ Gieße diese Mischung in eine saubere 1-l-Glasflasche. Stülpe den Ballon so über die Flaschenöffnung, dass er luftdicht schließt.

❹ Das Wasser blubbert, wenn die Hefepilze den Zucker fressen und Kohlendioxid abgeben. (Unsere Fürze sind etwas anders; sie enthalten ebenfalls Kohlendioxid, aber auch Sauerstoff, Stickstoff, Methan, Wasserstoff und Wasserstoffsulfid.)

❺ Nach ein paar Minuten bläht der Ballon sich auf. Genau so lässt die Hefe (sie ist ein *Treibmittel*) den Teig gehen, wenn du Brot backst. Lecker!

Die Gewürzgurkenbatterie

Salzig, knackig, die beste Freundin eines belegten Brotes – und eine Superbatterie!

1 Lege 2 kurze Überbrückungskabel mit Quetschklemmen und einen Kleinspannungs-Gleichstrom-Piezosummer bereit. Er darf nur etwa 10 mA (Milliampere) Strom führen.

2 Hole eine dicke Essiggurke aus dem Glas im Kühlschrank und schneide mit einem Gemüsemesser sorgfältig einen 2,5 cm langen Schlitz hinein.

3 Stecke dann eine Münze und einen verzinkten Nagel (4 oder 5 cm lang) fest in die Gurke.

4 Verbinde die positive Anschlussklemme des Summers mit einem Quetschklemmenkabel mit der Münze. Mit dem anderen Kabel verbindest du die negative Anschlussklemme mit dem Nagel. Der Summer summt – die Gurke ist die Batterie!

Das passiert ...

Essiggurken enthalten Salzwasser mit vielen *Ionen* (geladenen Teilchen). Die Kupfermünze und der verzinkte Nagel reagieren mit den Ionen und beginnen ein elektrisches „Tauziehen". Das Kupfer ist stärker; darum stiehlt es dem Nagel Elektronen. Also fließen Elektronen durch den Schaltkreis und versorgen den Summer mit Strom. Normale Batterien funktionieren genauso, wenn auch ohne Gurke: Zwei Metalle in einer ionenreichen Flüssigkeit trennen elektrische Ladungen und erzeugen Strom.

Du brauchst:

2 Überbrückungskabel mit Quetschklemmen

Kleinspannungs-Gleichstrom-Piezosummer (6–16 Volt)

1 extragroße Essiggurke

1 Kupfermünze

1 verzinkten Nagel, 4/5 cm lang

Piezosummer

positive Anschlussklemme

negative Anschlussklemme

Kupfermünze

verzinkter Nagel

Quetschklemme mit der positiven Anschlussklemme des Summers verbunden

Quetschklemme mit der negativen Anschlussklemme des Summers verbunden

Delikatessen aus Insekten

Insekten sind nahrhaft und lecker. Sie werden überall auf der Welt verspeist. Exotische Insekten sind in Spezialgeschäften erhältlich und lassen sich auf unterschiedliche Arten zubereiten.

An chinesischen Marktständen gibt es knusprige Tausendfüßer-Kebabs. Will man sie selbst zubereiten, spießt man sie der Länge nach auf, bestreicht sie mit Olivenöl und grillt sie ein paar Minuten.

Bon daegi
(Korea)

Tausendfüßer
(China)

Bon daegi (Seidenraupenlarven) lassen sich in heißem Öl wie Popcorn in der Pfanne brutzeln und dann mit Steinsalz würzen. Witchetty-Maden (Mottenlarven) sind bei den australischen Aborigines sehr beliebt (roh oder geröstet).

Witchetty-Maden
(Australien)

Skorpione
(Südostasien)

Um einen Skorpion zu kochen, sticht man hinter dem Kopf hinein, schneidet seinen Stachel ab und spießt ihn auf. Man röstet ihn, bis er braun und knusprig ist. Gebratene Taranteln schmecken ein wenig wie Krabben.

Chapulines
(Mexiko)

Taranteln
(Kambodscha)

In mexikanischen Spezialitätengeschäften gibt es *Chapulines* (Heuschrecken). Sie werden gewaschen, frittiert (Flügel und Beine entfernen) und mit mit Limetten, Salz und Chili gewürzt. Sie sind knackig wie Kartoffelchips.

Gute Nacht!

Bevor du die Decke über den Kopf ziehst, erforsche noch die gruseligen Geheimnisse der dunklen Nacht, das Leuchten der Sterne, die Mondstrahlen, die Traumzeit.

#13

Uhh, ein Monster? Wem gehören die glühenden Augen?

Bestimme die Temperatur mit Grillen, den Thermometern der Natur.

Ergründe bei Sonnenuntergang das Geheimnis des sagenhaften grünen Blitzes.

Träume von Weltraumreisen in einem Himmels-flitzer mit Stampfantrieb.

Hier lebt nicht nur der Mann im Mond.

Spiele Pingpong mit dem Vollmond und finde heraus, welche Nächte für Mondbeobachter die besten sind.

Warum schnarchen wir? Um die Tiger zu verscheuchen!

Z Z Z z z z

Kannst du eine Glühbirne konstruieren, die ohne Lampe und Steckdose auskommt?

Baue dir ein Teleskop aus Recyclingmaterial und erforsche den Himmel.

Was raschelt dort im Busch?

Fürchtest du dich vor gelben Augen im Gebüsch? Einige Tiere haben nachts leuchtende Augen!

① **Gehe mit deinem Hund oder deiner Katze** und Freunden oder jemandem aus deiner Familie in einen dunklen Raum.

② **Leuchte** ihnen aus 1,8 m Entfernung mit einer Taschenlampe kurz in die Augen. Die Augen deines Freundes leuchten nicht auf, aber die Augen der Tiere sehen hellgrün oder hellgelb aus.

Das passiert ...

Die Augen von Katzen, Rehen, Hunden, Pferden, Alligatoren und vielen anderen Tieren haben eine Zellschicht, die Licht reflektiert, das *tapetum lucidum* (lateinisch für „leuchtender Teppich"). Damit sehen die Tiere nachts gut, weil ihre Augen das Licht wahrnehmen, wenn es in die Pupille dringt und im Inneren des Auges reflektiert wird.

Das Glühbirnenrätsel

Erhelle die Nacht mit einer Glühbirne, die nicht in einer Lampe steckt und ohne Steckdose auskommt.

Dein Ziel: Wenn Strom von einem *Anschluss* der Glühbirne der Taschenlampe durch den *Glühfaden* im Inneren der Birne zurück zum anderen Anschluss fließt, leuchtet die Birne. Die Anschlüsse sind die winzige Delle und der winzige Höcker unten an der Glühbirne.

Klebe den leichten Draht auf verschiedene Weise an die Anschlüsse und an die Mono-Batterie. Manche Konstruktionen bringen die Birne zum Glühen, andere nicht.

Es gibt nicht nur eine Lösung. Also bleibe neugierig und probiere; dann findest du mehrere Tricks, die die Nacht erhellen.

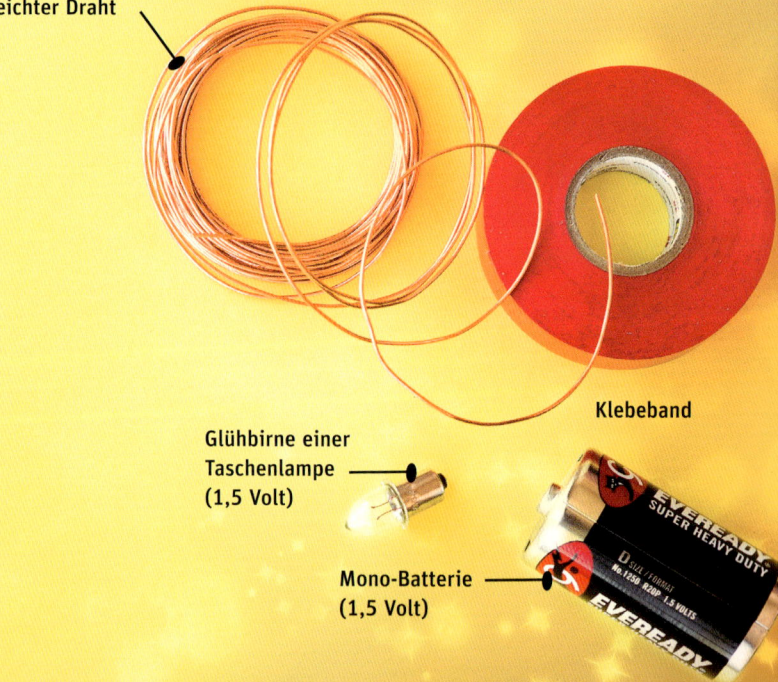

leichter Draht

Klebeband

Glühbirne einer Taschenlampe (1,5 Volt)

Mono-Batterie (1,5 Volt)

Thermometer mit 6 Beinen

Kann ein Insekt dir sagen, ob du einen Pullover anziehen sollst? Ja – wenn es eine Grille ist.

1 **Horche im Freien nach einer lauten Grille.** Diese Tiere zirpen bei warmem Wetter – wenn sie einen Partner suchen – schnell und bei kaltem Wetter langsam.

2 **Um die Temperatur Celsius** zu bekommen, zähle die Zirptöne 25 Sekunden lang, teile das Ergebnis durch 3 und addiere dann 4.

3 **Informiere dich über Grillen.** Wo leben sie? Wie ist ihr Körperbau, ab welcher Temperatur ist den Grillen überhaupt nach Romantik zumute?

Manche behaupten, Grillen könnten Regenschauer im Voraus spüren und suchten dann Schutz in der Erde. Grillen sind anderer Meinung: Insekten, die sich im Boden verkriechen, können bei Regen ertrinken.

Grüne Blitze

Ein traumhafter Sonnenuntergang: Die Sonne sinkt unter den Horizont und für einen Moment ist ein heller, grüner Blitz zu sehen. Außerirdische? Nein, es ist eine *Luftspiegelung*. Wenn du einen Sonnenuntergang beobachtest, ist die Sonne bereits unter dem Horizont verschwunden; aber die Erdatmosphäre beugt ihr Licht aufwärts, sodass du eine rot-orangefarbene Spiegelung der Sonnenscheibe siehst. Die Atmosphäre zer-streut das Licht, jede Regenbogenfarbe anders. Die Farben Rot, Orange und Gelb verschwinden zuerst, wenn die Erde sich dreht; dann folgen Grün, Blau, Indigo und Violett. In einer klaren Nacht kann am Horizont, wenn er sehr gut zu sehen ist, kurz eine grüne Luftspiegelung auftreten. Die blauen und violetten Farben werden schon durch einen leichten Dunst blockiert. Übrig bleibt nur der seltsam glühende Smaragd.

Mache Jagd auf den Vollmond

Du willst wissen, wann der nächste Vollmond leuchtet? Führe ein Mondtagebuch!

Bevor du loslegst, überprüfst du im Internet:

☐ Die Wettervorhersage, weil du 2 Wochen lang einen klaren Himmel brauchst.

☐ Den Zeitpunkt des Sonnenuntergangs – dann beginnt deine Mondbeobachtung.

☐ Den Zeitpunkt des nächsten Neumondes. Der Neumond ist unsichtbar, weil er sich auf derselben Seite der Erde befindet wie die Sonne. Beginne dein Tagebuch ein paar Nächte später.

① **Zeichne 14 Quadrate,** eines für jeden Abend deiner Mondwache. In jedes Quadrat zeichnest du einen Kreis und lässt Platz für das Datum.

② **Am ersten Abend** nach Sonnenuntergang geht im Westen eine dünne Mondsichel auf. Zeichne die Sichel in den ersten Kreis ein. Wo steht sie am Himmel? Über deinem Dach? Am Wasserturm?

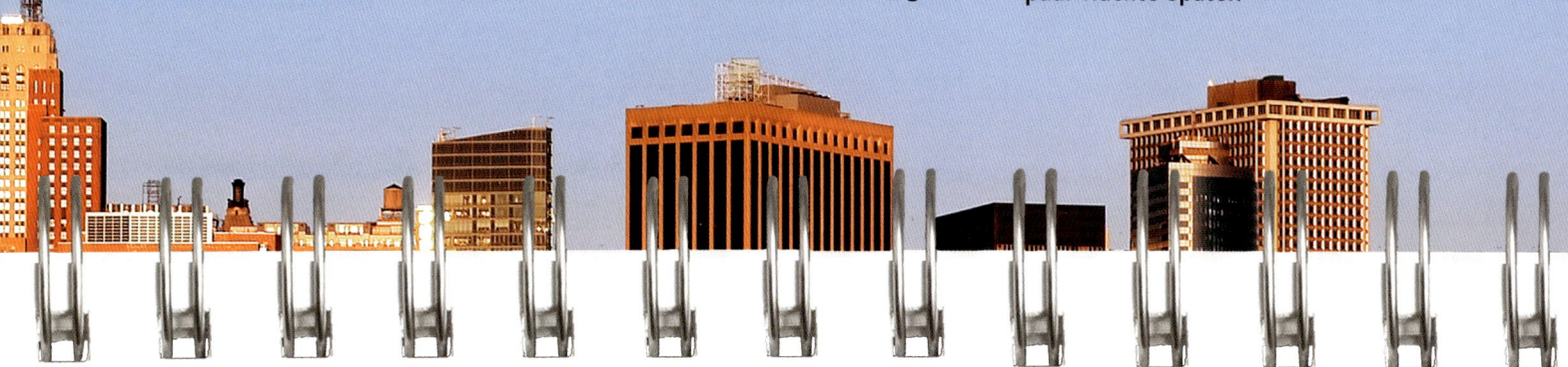

26. Aug./über Garage   27. Aug./über Einfahrt   28. Aug./am Kamin

③ **Suche den Mond** an den folgenden 13 Abenden gleich nach Sonnenuntergang. Er wird jeden Abend eine andere Form haben und an einem anderen Ort stehen. Zeichne ihn und notiere die Stelle. Am letzten Abend wird er ein heller runder Ball am Osthimmel sein. Im Laufe eines Monats geht der Mond jeden Tag 50 Minuten später auf; darum befindet er sich auch jeden Abend an einem anderen Platz. Der Neumond geht bei Sonnenaufgang auf und bei Sonnenuntergang unter. Der Vollmond geht bei Sonnenuntergang auf und bei Sonnenaufgang unter.

Mond-Pingpong

Mondsichel, Halb-, Dreiviertel-, Vollmond – der Mond ändert ständig seine Form, obwohl er eine Kugel ist. Mit einem Tischtennisball findest du heraus, warum.

Lampe

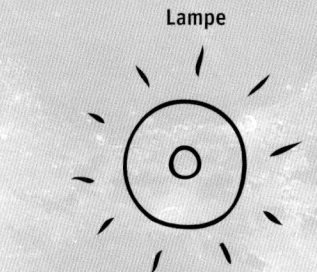

1 **Du brauchst eine Lampe** und ein Zimmer, das du abdunkeln kannst. Stelle die Lampe ohne Schirm in Augenhöhe auf einen Tisch. Schalte sie ein und knipse alle anderen Lichter aus.

2 **Wende der Lampe den** Rücken zu und halte den Ball in Augenhöhe, sodass das Lampenlicht auf dich fällt. Stecke eine Pinnwandnadel als „Griff" in ihn hinein. Die Lampe wäre jetzt die Sonne, der Ball der Mond und dein Kopf die Erde.

3 **Jetzt sieht der Ball** wie der Vollmond aus, hell und rund. Schaue den Ball an und halte ihn stabil, während du gegen den Uhrzeigersinn langsam eine Vierteldrehung machst. Jetzt siehst du nur eine Hälfte der hellen Zone des Balles: Er sieht aus wie ein Halbmond.

Du

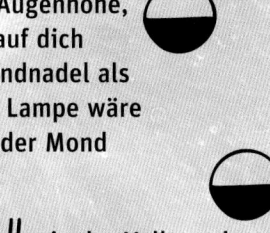
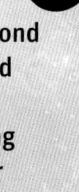

Tischtennisball

Das passiert ...

Eine Hälfte deines Tischtennisballs wird immer von der Lampe beleuchtet, so wie die Sonne immer eine Mondhälfte anstrahlt. Der Ball wendet dir immer dieselbe Seite zu, wie der Mond der Erde stets dieselbe Seite zeigt, während er sie umkreist. Du siehst nur die helle Seite des Balls; wir sehen von der Erde aus nur die helle Seite des Mondes. Der dunkle Teil ist scheinbar verschwunden.

4 **Mache weitere** Vierteldrehungen. Wenn du dich zur Lampe hin drehst, ähnelt der Ball einer Mondsichel.

Pinnwandnadel

5 **Ist der Ball** zwischen dir und der Lampe, ist seine dir zugewandte Seite dunkel wie der Neumond.

6 **Drehe dich im Kreis,** bis du der Lampe erneut den Rücken zukehrst. Jetzt ist der Ball wieder hell und du hast alle Mondphasen beobachtet.

Der Mann (oder Frosch oder Krebs) im Mond

Seit die Menschen dieses große weiße Ding am Himmel kennen, erzählen sie Geschichten darüber. Es ist leicht, im zerklüfteten Gesicht des Mondes Bilder zu sehen. Hier sind ein paar Mondkreaturen aus der ganzen Welt.

HASE
Mittelamerika, Ostasien und Südhalbkugel. In Japan und Korea mahlt er Zutaten für Reiskuchen.

KREBS
Bewohner des Südpazifiks sagen, der Krebs strecke die Klauen vom Nordpol bis zum Südpol des Mondes aus.

MANN IM MOND
Europa, Amerika, China. In China heißt er Yue-Laou und ist ein alter Liebesgott.

FROSCH
Peru, Afrika, China. Im angolanischen Mythos verkuppelt er Prinz und Mondprinzessin.

Welche Kreatur siehst du im Mond? Denke die s...

Teleskop im Eigenbau

Hast du ein bisschen Material und scharfe Augen? Dann baue dir ein Teleskop und schaue in die Sterne.

① *Notiere dir* die *Brennweite* der Linsen: Sie steht auf der Packung; es ist der Abstand in Millimetern von der Linse zu dem Punkt, wo das Teleskop, das sie enthält, scharf eingestellt ist. Je größer der Unterschied zwischen den 2 Linsen ist, desto stärker ist dein Teleskop.

② *Schneide die Kartonröhre* so zu, dass sie so lang ist wie die längere der 2 Brennweiten. Wickle schwarzes Bastelpapier um die Röhre und verklebe es so, dass du es an der Röhre verschieben kannst. Die Papierröhre muss länger sein als die kürzere Brennweite.

③ *Klebe die Linse* mit der längeren Brennweite an ein Ende der Kartonröhre. Das ist deine *Objektivlinse*; sie ist dem betrachteten Objekt am nächsten.

> Drehe das Teleskop um und schaue durch die Objektivlinse auf ein fernes Objekt: Es sieht kleiner aus, als es wirklich ist. Betrachte ein Objekt in der Nähe, z. B. deinen Fuß: Er wird vergrößert, weil das Teleskop nun ein Mikroskop ist!

④ *Klebe die Linse* mit der kürzeren Brennweite ans obere Ende der Papierröhre. Durch dieses *Okular* schaust du hindurch.

Du brauchst:
2 konvexe Linsen mit verschiedenen Brennweiten (zu kaufen im Internet als Bastelbedarf)
Kartonröhre aus einer Küchenpapierrolle
schwarzes Bastelpapier
durchsichtiges Klebeband
Schere

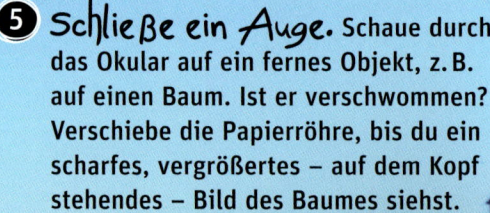

Linse mit längerer Brennweite

Kartonröhre

Bastelpapierröhre

Klebeband

Klebeband

Linse mit kürzerer Brennweite

⑥ *Nachts* richtest du dein Teleskop zum Himmel und stellst es scharf ein. Siehst du schwache Sterne oder nur die protzigen? (Das Bild ist immer noch umgekehrt, aber das stört beim Sternegucken kaum.)

⑤ *Schließe ein Auge.* Schaue durch das Okular auf ein fernes Objekt, z. B. auf einen Baum. Ist er verschwommen? Verschiebe die Papierröhre, bis du ein scharfes, vergrößertes – auf dem Kopf stehendes – Bild des Baumes siehst.

Natur trifft Kunst: Don Pettit

Die Bilder dieses NASA-Astronauten, langzeitbelichtete Fotos, aufgenommen in der Internationalen Weltraumstation, fangen vieles ein: das Licht der Sterne, das helle Streifen bildet, da die Erde sich dreht; verschwommene Städte, Gewitter und das Nordlicht, das unter ihm vorbeizieht. Pettit macht mehrere Fotos, indem er den Verschluss seiner Kamera jeweils 30 Sekunden öffnet, sodass die Erdrotation das Licht zu langen, bunten Streifen verschmiert. Dann setzt er die Bilder mit dem Computer so zusammen, dass die vollständigen Lichtbahnen zu sehen sind. In einer klaren Nacht kannst du selbst vielleicht ähnliche Fotos herstellen. Setze eine Kamera auf ein Stativ, belichte mehrere Male eine halbe Minute lang und setze die Bilder danach zusammen.

Bastle eine Rakete

Diese Rakete mit Fußantrieb kann dich nicht zum Jupiter bringen; aber sie ist garantiert ein Höhenflieger.

Du brauchst:
1-Liter-Limonadenflasche
90 cm langes, flexibles Vinylrohr mit 1,3 cm Innendurchmesser und 1,6 cm Außendurchmesser
Isolierband
60 cm PVC-Schlauch mit 1,3 cm Innendurchmesser
1 Blatt weißes Papier
durchsichtiges Klebeband
8 x 13 cm große Karteikarte
Schere
einen Freund, der Raketen mag

1 **Nimm den Verschluss der** Flasche ab, stecke ein etwa 90 cm langes Vinylrohr hinein und befestige es luftdicht mit Isolierband.

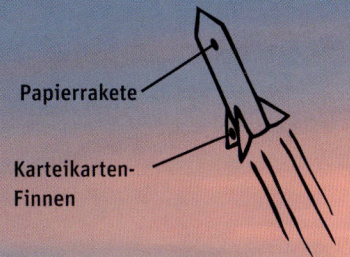

Papierrakete

Karteikarten-Finnen

2 **Verbinde den PVC-** Schlauch mit dem freien Ende des Vinylrohrs. Das ist dein Raketenwerfer!

3 **Rolle das Papier** locker um den PVC-Schlauch herum, sodass die Papierröhre sich verschieben lässt. Klebe die Papierröhre zusammen und ziehe sie vom Schlauch herunter.

4 **Verdrehe ein Ende der** Papierröhre so, dass daraus die Spitze der Rakete wird. Klebe diese verdrehte Stelle fest und drücke an ihr herum, bis sie spitz ist.

5 **Nun brauchst du** Raketenfinnen. Falte eine Karteikarte in der Mitte, schneide sie am Falz durch, lege die Hälften aufeinander und schneide sie wie ein Sandwich diagonal durch. Das ergibt 4 Finnen.

PVC-Schlauch

Isolierband

6 **Klebe die Finnen** gleichmäßig unten an den Rumpf der Papierrakete.

7 **Gehe ins Freie** und stecke die Rakete auf den PVC-Schlauch. Ein Freund hält den Schlauch so, dass er von euren Gesichtern weg zeigt.

Vinylrohr

Isolierband

8 **3 – 2 – 1 –** Start! Stampfe auf die Flasche und schau zu, wie die Rakete in die Höhe schnellt.

9 **Jetzt ist dein** Freund an der Reihe. Blase die Flasche durch den PVC-Schlauch wieder auf.

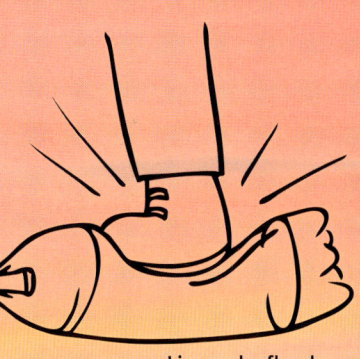

Limonadenflasche

Der Ruck, der dich weckt

Du bist am Eindösen. Doch plötzlich hast du das irre Gefühl zu fallen und schreckst hoch. Aber du liegst immer noch sicher im Bett und stürzt weder in einen dunklen Brunnen, noch liegst du ausgestreckt am Boden. Du warst das Opfer einer *Einschlafzuckung*. Das passiert, wenn das Gehirn Signale deiner müden, sich entspannenden Muskeln irrtümlich als Verlust des Gleichgewichts deutet und die Gliedmaßen anweist, ihre Pflicht zu tun. Diese reagieren mit einem Zucken, und schon bist du wieder wach. Manche Menschen haben dabei Kurzträume, in denen sie fallen, lautes Krachen hören oder helle Lichter sehen. Tatsächlich ist dieses Zucken normal und kommt bei fast allen Menschen vor.

Schnarchen, um zu überleben

Die körperlichen Ursachen des Schnarchens, dieses schrecklichen rasselnden, röchelnden, schnüffelnden Geräuschs, sind bekannt: Weiches Gewebe in der Nase und im Rachen vibriert, wenn es sich im Schlaf entspannt. Aber manche Wissenschaftler meinen, dass das Schnarchen einen Zweck hat: Es lässt uns selbst im Schlaf wild erscheinen.

Stelle dir einen Urmenschen vor – gefährlich, wenn er wach ist, harmlos, wenn er schläft, und dann ein leichtes Opfer für Raubtiere. Dann aber hört das Tier donnerndes Schnauben und Grollen in der dunklen Höhle; es wird nervös und verdrückt sich. Andere Forscher lehnen diese Theorie ab. Sie behaupten, Schnarchen locke gefährliche Tiere sogar noch zum Schläfer. Aber es könnte schon sein, dass das lästige Schnarchen uns half, die gefährlichen Nächte in der Urzeit zu überleben.

Umschlaggestaltung von Init GmbH, Bielefeld unter Verwendung von Illustrationen von Jenny Rosenthal.

Unser gesamtes lieferbares Programm und viele weitere Informationen zu unseren Büchern, Spielen, Experimentierkästen, DVDs, Autoren und Aktivitäten findest du unter kosmos.de

MIX
Karton aus verantwortungsvollen Quellen
FSC® C006948

Redaktion: Franka Nickel

Satz und Lektorat: Ellen Weitbrecht, Anette Vogt, Susanne Junker (red.sign GbR, Stuttgart)
Produktion: Verena Schmynec
Printed in China / Imprimé en Chine

Wir danken dem Exploratorium in San Francisco für die erstaunlichen und begeisternden Experimente, die wir während der Entstehung dieses Buches kennenlernen konnten. Besonderen Dank an die Alltagsforscher Linda Shore und Ken Finn für ihr unbezahlbares Hintergrundwissen zu den naturwissenschaftlichen Zusammenhängen, die in diesem Buch erklärt werden. Außerdem danken wir Julie Nunn, Siliva Raker, Dana Goldberg und Amy Snyder für ihren Enthusiasmus, ihre Hilfe und ihr Expertenwissen. Das Exploratorium erhält Unterstützung durch ein breit aufgestelltes Forschergremium. Davon profitiert die Wissensvermittlung des Exploratoriums.

Du findest das Exploratorium in San Francisco, 15/17 Pier, CA 94111 und online unter www.exploratorium.edu

Das Exploratorium ist ein interaktives Museum für Naturwissenschaft, Kunst und menschliche

Wahrnehmung. Der Inhalt dieses Buches zeigt Teile von Ausstellungen, Workshops und Aktivitäten, die von Wissenschaftlern des Exploratoriums entwickelt wurden. Das Schulungsangebot umfasst Angebote für Lehrer, Forscher, Schulen und Familien.

Exploratorium® ist eine eingetragene Marke des Exploratoriums.

Fotografie: Erin Kunkel
Requisiten/Styling: Peggi-Jane Jeung
Illustrationen: Jenna Rosenthal

Wenn unten nicht anders vermerkt, handelt es sich um Fotos von Shutterstock Images.

S. 10-11: JR Carvey/Streetfly/Getty Images S. 18: Brand X Pictures/Getty Images S. 21 (Elvis): Ollie Atkins/Wikicommons S. 21 (Mona Lisa): Wikicommons S. 21: Julian Wolkenstein S. 21: Martin Robertshaw, Douglas Bauman, Joy Kidd, Dave Gorman, Kristen Storm, Jan Schill, Amy Beth Geerling Payne S. 25: Nature Production, Dr. Morely Read/Science Source, Peter Jackson S. 26: Richard Heeks
S. 26: Tom Falconer Photography
S. 27: Cultura Creative/Alamy S. 31: Amy Snyder S. 32-33: Inmagine.com S. 39: Andy Goldsworthy/Courtesy Galerie Lelong, New York S. 42: Monashee Frantz/Getty Images S. 47: Thomas Deerinck,

NCMIR/ScienceSource S. 48: Judy Ulrick S. 49: Matt Shlian S. 50-51: Floresco Productions/Getty Images S. 52: iStockphoto S. 52: Amy Snyder S. 56: Harri Tahvanainen/Getty Images S. 59: H. Cassea/Corbis S. 61: Nimbus II, 2012; courtesy Berndnaut Smilde and Ronchini Gallery; photo by Cassander Eeftinck Schattenkerk S. 61: H. Raab/Wikicommons S. 61: iStockphoto
S. 62: John Lee/Artmix S. 63: John Lee/Artmix S. 67: Kathy Klein S. 71: Mended Spiderweb #8 (Fishpatch), 1998; courtesy Nina Katchadourian and Catharine Clark Gallery
S. 74: Liz Hickok S. 77: iStockphoto S. 78: Liza Phillips, Samuel Granados, Kiko Sánchez S. 79: Google Maps; MAPPING MANHATTAN by Becky Cooper (copyright © 2013 by Rebecca Cooper, used by permission of Abrams Image, an imprint of Harry N. Abrams, Inc., New York; all rights reserved); Matthew Picton, 2008 pS. 80-81: Andy Brandl/Getty Images S. 81: NASA pS. 82-83: Doug Perrine/SeaPics.com S. 84: John Krzesinski, Jef

Poskanzer, Maria Schoiswohl S. 85: courtesy Jim Denevan and Aaron Fee S. 87: Amy Snyder S. 88: Edgar Müller S. 89: Sumit Mehndiratta S. 95: John Lee/Artmix S. 102: Georgios Georgiadis S. 102: Jason Edwards/National Geographic Creative S. 103: Richard T. Nowitz/National Geographic Creative S. 103: Steven Bunton S. 106: Larry Lynch, Matthew Buckley, Jane Burton/Nature Picture Library, Mark Britain S. 107: David Thoreson S. 110: Christophe Lehenaf/Getty Images S. 110: Don Pettit/NASA